U0680728

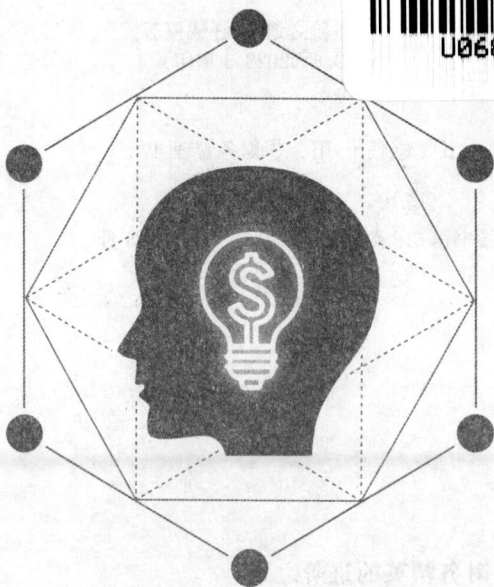

财务思维

财务精英的进阶之道

任成枢 著

天津出版传媒集团

天津人民出版社

图书在版编目（CIP）数据

财务思维：财务精英的进阶之道 / 任成枢著．--
天津：天津人民出版社，2020.8（2022.3重印）
ISBN 978-7-201-16276-8

Ⅰ．①财… Ⅱ．①任… Ⅲ．①财务管理 Ⅳ.
① F275

中国版本图书馆 CIP 数据核字（2020）第 129148 号

财务思维：财务精英的进阶之道
CAIWU SIWEI：CAIWU JINGYING DE JINJIE ZHIDAO

出　　版	天津人民出版社	
出 版 人	刘　庆	
地　　址	天津市和平区西康路 35 号康岳大厦	
邮政编码	300051	
邮购电话	（022）23332469	
电子邮箱	reader@tjrmcbs.com	

责任编辑	王昊静
策划编辑	汲鑫欣
特约策划	花　火
装帧设计	杨玉兰

印　　刷	衡水翔利印刷有限公司
经　　销	新华书店
开　　本	880 毫米 ×1230 毫米　　1/32
印　　张	7.5
字　　数	150 千字
版次印次	2020 年 8 月第 1 版　　2022 年 3 月第 2 次印刷
定　　价	58.00 元

　　财务这个工作，千千万万人都在做，入门很容易，但是做到高层很难。

　　根据有关统计，上证 A 股、深证 A 股财务人员数量大约 50 万人，全国持有会计从业资格证的人数大约 2000 万人，而不具备会计从业资格的人，更是以千万人计。

　　截至 2019 年年底，上证 A 股有 1619 家公司，深证 A 股有 2251 家公司，总共有 3870 家公司，一个普通财务人员要做到这些上市公司财务负责人的位置，就需要从这 50 万人中脱颖而出，其可能性是 1%，真可谓百里挑一。

　　本人 2007 年毕业于中国人民大学商学院财务管理专业，在华润集团工作 3 年，万达集团工作 10 年。13 年来，从出纳做起，到会计、总账、财务经理、高级经理、公司副总经理，目前担任万达电影财务成本中心副总经理，过程中完成了大量工作任务，克服了许多困难，积累了丰富的经验和教训。

　　应编辑朋友的邀请，我将工作中的心得体会、经验教训总结出来，希望与广大财务同行以及想了解财务工作的朋友分享。

这不是一本考究的学术著作，只是一个普通财务人的工作心得。学术方面的著作不计其数，但从业者写个人真实经历和感悟的却寥寥无几。本书切入的角度就是如此，真人真事，客观呈现，不矫饰、不做作，走直线，不玩概念，以个人工作总结和案例为主，还原真实的工作场景，以及必备的工作技能。

为了能够全面展现从财务基层走向高层的历程，本书分成了三篇。第一篇讲述基层财务人员必须要具备的5个观念，第二篇讲述中层财务人员必须要具备的11个观念，第三篇讲述高层财务人员必须要具备的8个观念。24个观念分为三个层次，层层递进。

基层财务人员包括出纳、会计、会计主管等岗位；中层财务人员包括经理、专业总监等岗位；高层财务人员包括CFO（首席财务官）、分管财务副总经理、副总裁、财务部总经理、财务部副总经理等岗位。

这些岗位在不同的企业可能有不同的称呼，具体属于哪个层级，主要看在组织架构中的相对位置、职责权利和工作内容。

一般来说，基层财务人员主要负责某一单方面的执行性、事务性的工作，如资金收付、收支核算，不需要带领团队；中层财务人员负责招人用人、带领团队、搭建财务体系，如核算体系、资金体系等；高层财务人员是财务体系的一把手或二把手，负责财务团队的全面管理，并深入地参与到企业经营管理中。

因此，基层的5个观念侧重办公技能的训练、良好工作习惯的养成，中层的 11 个观念侧重领导素质的塑造、财务体系的搭建，高层的 8 个观念侧重管理理念的构建、经济与社会规律的认识、经营投资融资能力的锤炼。

比如，在基层部分讲到了如何学习 PPT 和 Excel，如何养成诸如保持数据精确、工作闭环等优秀的工作习惯；在中层部分讲到了如何写作，如何演讲，如何培训，如何搭建核算、税务、预算、资金、资产财务体系，如何识人用人等内容；在高层部分讲到了如何发展管理思想体系，如何参与经营，如何管控风险，如何认知国家大势和产业运行规律等内容。

本书不仅讲思维观念，也讲操作方法，不仅有系统的论述，也准备了翔实的案例，以便读者能够拿来即用，用之有效。

每个观念均分为四个部分：原则、释义、方法和案例。

原则部分用来解释此思维观念的重要性、必要性；释义部分是对原则的说明；方法是贯彻原则，落实主题的具体路径；案例则是以实例的方式综合体现原则、释义和方法。

俗话说，千里马常有，而伯乐不常有。回顾我的职业生涯，个人的努力是一方面，更重要的是幸运，一路上遇到许多优秀的领导，他们的人格魅力和专业素养深刻地影响着我做人做事的风格。

我想特别感谢万达集团财务管理中心常务副总经理王大治，王总对下属严管厚爱，在工作质量上严格要求，在职业发展上悉心照顾，教导我们"廉洁正直、遵章守纪；勤奋好学、内功至上；

系统思维、综合素养；执行到位、结果导向"。个人素质的厚度决定了职业发展的高度，这 36 个字塑造了我在职场上为人处世的底色。

我还想特别感谢万达电影副总裁兼财务成本中心总经理黄朔，黄总作为资深财务专家，专业水平精湛，思维敏锐独到，给予我巨大的启发和真诚的帮助。2019 年黄总荣登"A 股上市公司优秀 CFO Top100""A 股传媒行业优秀 CFO Top5"，黄总是我一路上学习的楷模。

书不尽言，言不尽意，我个人的工作能力是有限的，职业发展也远谈不上成功，本书内容仅抛砖引玉，与众多对财务工作感兴趣的朋友交流，望与广大财务人员共勉，欢迎大家批评指正。

期待我们共同进步，实现梦想。

任成枢

2020 年于北京

第一章

基层财务人员
必须要具备的5个观念

基层财务人员是指出纳、会计两个岗位，主要完成资金收付、记账、编表、开票、报税等具体的、技术性的、程序性的工作。通常只要遵循会计准则的规定、符合本企业的制度规范，按领导的要求完成工作任务，需要决策、创意的部分很少，最重要的是专业技能过硬、工作质量可靠，及时向领导交付满意的产品。

我总结了5条经验，为了方便记忆，编成了类似顺口溜的形式。

一要精确：财务人员要养成保证数据精确的习惯。

两把刷子：财务人员要精通PPT和Excel两种办公软件。

三张证书：财务人员至少要考取一张有分量的证书。

四有新人：财务人员要养成做事有头有尾、工作闭环的习惯。

五指连心：财务人员要充分了解资金的重要性并擅长编制现金流量表。

一要精确：财务以数据准确为天职

原则

财务以数据准确为天职。

释义

会计的本质是一套收集信息、处理信息、反映信息的程序和系统，基本功能就是提供有关企业财务状况、经营成果和现金流方面的信息，为投资者、债权人、金融机构或其他信息使用人等提供决策依据。

而作为决策依据的会计信息，最重要的特质就是准确。

作为财务人员，每天都在和数据打交道，会计的核心原则就是借贷平衡，我们也时刻在注意着钩稽关系、数据差异，传统中人们对财务的认知也是"会计要求算得准""差一分都不行"。

如果说军人以服从命令为天职，那么财务就是以数据准确为天职，保证数据没有错误是财务人员的基本素质。

这当然非常困难，财务人员每天面临的数据成千上万，稍不留意就会出现错误，免不了会遭受领导批评。

面对领导的批评，有些财务人员表现出不理解，心里会想：老虎也有打盹的时候，谁还能不犯错了；有什么大不了的，不就是错个数字嘛。

人人都会犯错，这确实是事实。不过犯错自然就会有后果，如果你愿意承担这种后果，比如不被人相信、升职加薪没机会，甚至被开除，那就要为自己的选择负责。

很多时候错了一个数据也确实没什么大不了的，改过来就是了。但问题是，有些时候数据错误会很致命。比如，IPO 时招股说明书上出现了数据错误，可能会导致 IPO 失败。又如，如果给老板的材料中出现数据错误，可能会导致投资决策失误，并连累自己的顶头上司遭受处分。如果顶头上司遭到处分，作为下属的自己难道能独善其身？

这个世界上的信息不外乎数字、文字、图片、视频等几种。文字的含义是模糊的，不同人有不同的理解；图片和视频的含义是丰富的，不同人有不同的感受；但数字没有歧义，一就是一，二就是二。

所以数据错误没有借口，没有理由。数据只有错误和准确之分，没有大错误和小错误之分。

作为财务人员，我们要记住，数据错误重不重要的评价权不在你的手中，而在别人那里，你认为不重要的错误，在别人眼里可能是不能饶恕的错误。

保障数据准确没有例外，财务人员应该对数据错误保持零容忍。

数据不对，努力白费。数据保证准确是财务人员的基本素质，再严格要求也不为过。严谨的工作态度不仅有助于提高工作质量，也是构成个人信誉的必要元素，每位财务人员都应该严格地要求自己，扎扎实实地进行检查，慎之又慎，维护自己和团队的荣誉，不辜负他人的信任，并牢记：信任来自靠谱，尊重来自价值。

方法

既然养成保证数据准确的素质有百利而无一害，那么我们应如何做到呢？

1. 愿意多花时间

财务人员首先应端正态度，认识到保证数据准确的必要性，愿意多花时间仔细研究数据之间的关系，愿意多花时间反复检查计算结果。"世上无难事，只要肯登攀"，会计的数字计算无非加减乘除四则运算，在技术上不存在难度，难的是不重视，不愿意多花时间，只要能克服这一点，数据错误的可能性就会降低一半。

2. 找到学习榜样

榜样的力量是无穷的，在我们的周围，总会有出类拔萃的人物。财务人员最好在周围找到一个学习榜样，以人为师，这样既可以激励自己，也可以树立自信心。

工作之初，我非常幸运地遇到了一位出色的同事，使我意识到多年如一日的保证数据准确是可以做到的，是切实可行的。

她的名字叫阿豆，负责集团 15 家公司每月的管理报告合并工作。管理报告是集团的一套分析报表，每套报表包括资产负债表、利润表、现金流量表、各类成本费用、固定资产的分析表等 44 张表，每张表平均有 1000 个单元格。阿豆在这个岗位上工作了 8 年，每年 12 个月，每个月 15 家，每家 44 张表，每张表 1000 个单元格，总共 6336 万个单元格，而她从来没有出过错。

这样的业绩深深地震撼了刚入行的我，那时我暗暗下定决心，以她为榜样，做一名靠谱的财务人。

3. 养成设置校验公式的习惯

财务人员要养成设置校验公式的习惯，也就是在表格主体底部或者一侧设置公式，验证应该相等的两个数相减是否为零。

常见的验证关系包括：

横向合计 − 纵向合计 =0

资产 − 负债 − 权益 =0

收入 − 成本 − 费用 − 净利润 =0

期初现金及现金等价物余额 − 资产负债表货币资金期初数 =0

期末现金及现金等价物余额 − 资产负债表货币资金期末数 =0

案例

多家上市公司因数据错误遭处罚

1. 某药业股份有限公司

某药业股份有限公司相关财务人员在编制 2007 年第一季度报告时，数据选取串行，导致计算错误，违反了《上市公司信息披露管理办法》，最终被深圳证券交易所通报批评。

2. 某文化股份有限公司

某文化股份有限公司 2015 年年报部分信息披露不完整、不准确，年报编制工作存在严重疏漏，其行为违反了《股票上市规则》有关规定；董事会秘书被上海证券交易所予以通报批评，并通报中国证监会，并记入上市公司诚信档案。

两把刷子：
Excel 要有 PPT 的精美，PPT 要有 Excel 的精确

原则

Excel 要有 PPT 的精美，PPT 要有 Excel 的精确。

释义

有两种工具软件，在财务人员学历教育阶段涉及不多，但在实践工作中却异常重要，那就是 Excel 和 PPT。财务人员如果不擅长的话，就会影响到职业发展；如果擅长，则将有力地促进职业发展。

Excel 之所以重要，是因为财务本身就是每天在与庞大的数据打交道，而 Excel 就是个超级计算器，可以帮助财务人员准确又迅速地批量处理数据。比如，制造企业每月成本结算数据可能几十万条，商业连锁企业需要处理几百家下属公司的数据，房地产开发企业涉及大量资金收付数据，如果财务人员不精通 Excel，根本无法完成工作，更别说准确性了。

PPT 之所以重要，是因为财务人员常常需要向管理层汇报经营成果、预算情况，需要为业务人员培训财务制度，为下属员工培训工作技能。这时 PPT 就像摄像机对于导演，是创造并展示作品的工具，体现的是财务人员的工作质量。如果 PPT 做得不好，那财务人员很容易被认为是能力不足。

方法

我们如何提高 Excel 和 PPT 的技能水平呢？

总的原则就是多花时间！

这些通用技能的水平高低，不在于人和人之间的智力差异，而在于钻研时间的差异。很多人遇到问题，往往是头痛医头，脚痛医脚，不愿意花时间去钻研。如果你能够比别人花更多的时间去阅读和练习相关技能，并能够系统地钻研，就有望成为这方面的专家。

一、Excel 提高之道

阶段	应具备的技能
新人	掌握基本操作方法和常用功能，如输入数据、查找替换等
初级用户	掌握表格、图表绘制，了解函数
中级用户	掌握20个以上函数，熟练使用数据透视表
高级用户	熟练运用数组公式，初步掌握VBA
专家	使用Excel开发独立程序

对于 Excel 来讲，最重要的两个关键词是"精确"与"结构"。

所谓精确是指数据精确是第一位的；所谓结构是指数据结构，体现为表头的设计、表与表之间的数据关系等。要想学好 Excel，首先就要建立追求数据精确、结构规范的意识。

我们可以从以下五个方面着手。

1. 熟练掌握数据类型

数据类型主要有以下几种：

1. 文本型
• 如何将文本型数字转化为数值？ ×1；+0；value（）   • 如何将两个字符连接起来？ "&"   • 如何在函数中输入文本数据？   • 空值如何表示？与空格有什么区别？（白色与无色？）

2. 数值型
• 可以进行数学运算   • 乘方/开方："^"

3. 日期型
• 本质就是数值，只是显示格式不同：1900年系统   • 格式： 2010-10-22（√）； 2010/10/22（√）   • 2010.10.22（×）；   • 如何计算间隔天数？

4. 逻辑型
• True/false   • And（）函数的规则   • Or（）函数的规则

数据是 Excel 的主要处理对象，掌握数据类型是成为一名 Excel 专业人士的第一步，切不可轻视。在使用 Excel 的过程中，很多错误往往是数据类型不正确造成的。比如，发现 SUM 函数

无法进行加总数据，无法计算两个日期之间的天数。前者是因为被加总的数据表面是数值，实际上是文本；后者是因为参与计算的日期表面上是日期，实际上是文本。

Excel 中的数据类型分为文本型、数值型、日期时间型、逻辑型、错误值五种，财务人员要熟练掌握它们之间的不同和联系，类型正确，下一步的计算才能顺畅。

2. 运算符

运算符主要有以下几种：

1. 算术型运算符	2. 比较运算符
• + − * / • % • ^ X^2；$X^{1/2}$	• ＝ ；＞ ；＜ • 小于等于：=＜ 或<= • 大于等于：=＞或>= • <> 不等于
3. 文本运算符	4. 引用运算符
• & • 等价函数CONCATENATE（）	• ：区域运算符 sum(A1:A8) • ，联合运算符 sum(A1, B3) • "空格" 交叉运算符 sum（A1:D1 D1：D4）

3. 掌握常用函数

Excel 中的函数可分为文本函数、信息函数、逻辑函数、查找和引用函数、统计函数、三角函数、财务函数、工程函数、多维数据集函数、兼容性函数和 Web 函数等。

当然，我们并不需要掌握所有函数的用法，通常只需要掌握 SUM、IF、VLOOKUP、SUMIF、OFFSET、ROUND 等六个函数就可以应付大部分工作，至于其他的函数，只需要泛泛了解，遇到问题时或需要用时通过查询软件帮助能够顺利应用即可。

4. 熟练运用数据透视表

数据透视表本质上是一种分类汇总工具，Excel 中进行自动分类汇总主要有三种方式，包括数据菜单中的分类汇总功能、SUMIF 函数和数据透视表。数据透视表功能十分强大，可以多维度、多维数度分类展示数据，而且只要数据范围无误，绝对不会出现错误。当数据源发生变化时，还可以实现一键刷新。

我推荐在 http://www.excelhome.net 上学习上述知识，Excelhome 是全球极具影响力的 Excel 门户，网站上有视频教程、图文教程、论坛区，拥有丰富的示例，可以满足一站式学习需求，从原理讲到应用，从基础操作讲到 VBA 编程，面面俱到。当然，对于 VBA 等高阶功能，是否需要掌握就看个人兴趣了，能掌握最好，不愿意学习也不影响工作。

5. 具备一定的审美能力

财务人员在掌握上述技术性技能的基础上，应该不断提升报表美感，制作出赏心悦目的工作成果。在这一方面，我推荐给大家两本书：刘万祥先生的《Excel 图表之道》《用地图说话》。刘万祥先生号称图表界的大咖，可以用 Excel 做出经济学人、华尔街日报的图表效果。

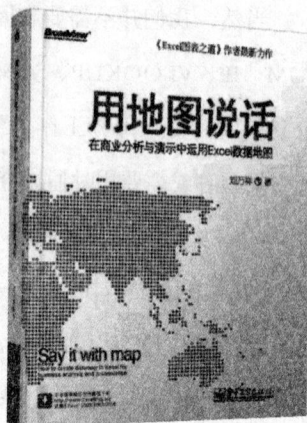

二、PPT 提高之道

对于 PPT 来讲，也有两个关键词，即"思路"与"美感"。无论是在汇报中还是在培训中，PPT 都是口头表述的辅助工具，其最重要的作用就是让人思路清晰连贯、观感愉悦。

汇报的目的是说服，不是展示信息本身。

所以每一份 PPT 文件，每一张 PPT 页面都要做到目的明确、逻辑清晰、依据合理、内容完整、结论明显。

有些 PPT 页面的目的性不强，主题不鲜明，仅是被动地罗列信息，等待汇报听取人询问，此类没有目的的展示等于让汇报人陷入被动。

优秀的 PPT 汇报文件在逻辑上应是层层递进、环环相扣，拥有极强的整体感；同时依据要充分，并尽量地公式化、参数化；采用文字描述的，文字要有效，需要达到汇报听取人看到 PPT 不必问就能明白的效果；使用句子而不是蹦词，尽量少提新概念，因为汇报听取人首先是用眼睛看到，然后才是耳朵听到，如果看到时不能明白，便会有些许负面心理反应；最终要形成明显的结论，如果没有结论，就是无效的 PPT。

另外，我们不仅要关注 PPT 汇报的逻辑，更要关注听取人的感受。为了达成此目的，美是必要的。理智与情感，是人做出判断的两种机制，美影响情感，进而影响理性。美观的格式不是形式主义，而是一种力量，直达人心，进而使人接受。

案例

百度高管因 PPT 低劣被辞退

2016 年 6 月，在北京国家会议中心举行了 "国际体验设计大会"，到场的演讲嘉宾来自微软、GE、百度等国际和国内行业巨头。

百度 UE 总监刘某在会上发表了一篇名为《"互联网 +" 时代设计进阶之路》的演讲，由于 PPT 质量过于低劣，会后刘某遭到了百度辞退。

百度 HR 在内网上发帖称：各位百度同学，公司对此次事件高度重视，经过我们和职业道德建设部及公关部对刘某参与外部讲演的不当言论和内外部影响的联合调查，刘某未事先向公司报备参会信息，同时其行为及演讲内容给公司品牌和声誉造成严重影响，并给百度同学造成严重伤害，故将其辞退。

三张证书：人靠衣装马靠鞍，被人赏识靠标签

💡 原则

人靠衣装马靠鞍，被人赏识靠标签。

💡 释义

俗话说"人靠衣装马靠鞍"，这其实就是指标签的作用。标签可以降低沟通成本、塑造个人形象、建立信赖感。比如，军人穿着军装给人一种纪律严明的感觉，职场人士身着西服给人一种可靠、职业的感觉。

同样，财务人员也需要给自己贴标签，以让他人方便识别自己的能力和水平。

财务行业有一个很大的特点就是专业性。财务行业的专业术语很多，在日常生活中，很难三言两语向别人说明白，在求职面试的环节，HR并不懂财务，无法考察应聘者的专业知识，更多的是根据应聘者目前的职位、薪酬、证书来确定应聘者的专业水平。一个有CPA（注册会计师）证书的人和一个没有CPA证书

的人，给人的印象自然是不同的。

基层财务人员正处于事业发展的初期，同样岗位和薪酬的同行众多，如果你能拥有几个有分量的证书，无疑能够迅速脱颖而出，对自己以后的职业发展大有裨益。

方法

财务领域有众多证书可供选择，常见的国内证书有初级会计职称、中级会计职称、高级会计师、注册会计师（CPA）、税务师、资产评估师、经济师、审计师、证券从业资格等，常见的国外证书有英国特许公认会计师（ACCA）、美国注册会计师（USCPA）、美国注册管理会计师（CMA）、特许金融分析师（CFA）、国际注册内部审计师（CIA）等。

财务人员自然不必考取全部证书，其中最广为认可的是CPA、ACCA 和 CFA，但考取也是最为困难的。如果能力有限，可以先考取中级会计职称，其较为简单，也广受认可，是今后有力的竞争砝码。

除了这些正规证书以外，有时财务人员也经常接到冒名财政部、中注协、某国际组织的电话，他们会推荐某一些证书，如"××财务管理师"等，这些就不必考虑了。

考证的过程，既是提升专业技能的过程，也是磨炼心性的过程。

每一个证书的考取过程都不简单，都需要花费一定的时间去学习，短则一个月，长则半年至一年，在这个过程中需要我们有极大的决心、耐心和恒心，熬过一个个独自奋斗的日子。一个证书多的人起码说明有上进心、坐得住、文字阅读能力强、思维严谨、做事细致。备考证书的过程将会让自己的理论知识变得更系统，对理论原理理解得更通透，比单纯从实践习得的经验更加全面。

立定考取证书的志向后，那我们如何学起呢？最简单的方法是主动接受考试培训，自己摸索不如名师指路。常见的学习渠道有中华会计网校、东奥会计在线等。

案例

劳动与社会保障专业的她如何用三年时间通过注会，
并在综合阶段取得 88.5 分的高分？

我有一位非常出色的同事宋源（化名），她大学的专业是劳动与社会保障，但她非常喜欢财务工作。从 2016 年开始备考注册会计师考试，她用三年的时间通过了全部科目，并在综合阶段取得 88.5 分的高分。以下是她的考试心得，相信大家读后一定会获益匪浅。

"2016 年年初，我开始备考注册会计师考试，经过一段时间的深思熟虑，我决定要在第一年报考会计、审计、税法、经济法，7 月份毕业后在家全心备考，考试结束后已经有了通过的把握，在 12 月成绩公布后，四科成绩分别为：78 分、73.25 分、78.5 分、76 分，考试分数远远超过预期。2017 年，我开始边工作边备考其余两门考试：财务成本管理和公司战略与风险管理，一个科目计算量比较大，另一个科目单纯是记忆性科目，两个科目搭配起来学非常合适；经过了一年的学习，在年底以财务成本管理 78.05 分、公司战略与风险管理 77.5 分的成绩结束了注册会计师专业阶段的考试。2018 年，我开始备考综合阶段的考试，两个阶段的考试侧重点有所不同，结合之前专业阶段学习积累的知识和对综合阶段考试重点的把握，最后以 88.5 分的成绩通过了注册会计师综合阶段的考试，至此结束了三年注册会计师的学习。"

接下来，我想给那些在犹豫是否迈入注册会计师学习之路和已经开始备考但时有迷茫的同学介绍一下注册会计师考试和在备考过程中的注意事项。

一、什么是注册会计师考试

注册会计师考试分为专业阶段和综合阶段两个部分。专业阶段考试在每年十月份的第二个周六、日举行，专业阶段包含会计、审计、税法、经济法、财务成本管理、公司战略与风险管理六门科目。需要在五年内通过六个科目的考试，如果五年内没有通过，那么在第六年时，第一年考试通过科目的成绩则会作废，第七年时，第二年考试通过科目的成绩则作废，以此类推。

另外，在专业阶段考试结束后才可以参加综合阶段考试，综合阶段考试在每年八月最后一个周六举行，通过综合阶段考试无时间要求，在任意时间内通过即可，通过综合阶段考试后方可根据自身情况向中国注册会计师协会申请登记为执业会员或非执业会员。

二、科目考试的重点和搭配

上面已经说到注册会计师专业阶段考试由六门科目组成，如果想要在五年内通过六门科目的考试，科目的搭配非常重要。在介绍科目的搭配前，下面先简单介绍一下六门科目考试的主要重点。

1. 会计

会计是注册会计师考试的拦路虎，是很多考生一直都难以攻克的难关。其每一道选择题都是单独的计算题，考点比较零散，但只要细心研读历年真题，就能摸清其中的规律所在；会计的大体综合性比较强，许多知识点环环相扣，这就需要对各个重点章节的知识点熟记于心，这样在考试时才能融会贯通，不会因为大段的题目而一头雾水。

2. 审计

许多考生看了审计的课本后都觉得没有耐心读下去，再就是读了以后什么都没有理解，什么都没有记住，就算认真背书，见了真题后也是一脸懵圈。

但是，审计考试也有重点可以把握：第一部分是公司内控，某公司内控流程是否合理，有什么改进的意见；第二部分是审计调整，某公司会计处理是否得当，是否需要调整，这部分绝大多数与会计知识相关；第三部分是应收账款函证与存货监盘，这两部分需要熟读课本与多做这两方面的历年真题；第四部分是根据对某公司的审计情况，出具审计意见，并且可能会考察写一段审计报告；最后一部分是基本概念，主要在客观题中考查。审计考试绝不是死记硬背，而是要多想多练。许多考生自认为题目答得很对，但一看答案发现答题思路早已跑偏。

3. 税法

税法的重点比较明显，每年考试大都侧重增值税、企业所得税、个人所得税、消费税、土地增值税。大题中经常将增值税、消费税、关税、税收征管法结合在一起出题，企业所得税纳税调整也是在大题中考察的重点。虽然税法考试看起来重点突出，各个类型的题目在平时练习中都有涉及，但在考试中陷阱颇多，计算的数字不像会计、财务成本管理一样有零有整，经常都是带小数的数字，一步算错，接下来计算基本就都错了。为了避免这些问题的出现，要做到：第一，在平时的练习中，我们要将自己频繁出错的部分重点标记；第二在考试中，不要为了怕做不完题目而赶速度，导致计算错误或踩到出题人设置的陷阱。

4. 经济法

经济法是一门比较好过、记忆性很强的科目，只要我们在备考中用心，通过考试一般都不存在问题，重点在于多看书。第一主要是理解，可以用 1.5 至 2 倍速看老师的讲解视频，这样理解起来比较快，比自己看书效果要好很多；第二是记忆，起码要把考试的重点，如公司法、证券法、合同法这几章必考的章节熟记于心；第三是巩固，把记忆的内容多加熟悉，并结合具体案例分析理解。

5. 财务成本管理

财务成本管理是计算量与公式最多的一门科目，在平时复习的过程中不能死记公式，而应多花心思理解公式背后的机理。财务成本管理科目的重点也比较突出：投资回收分析、成本会计、存货与应收分析、关键指标的计算、连环替代法的应用。平时一定要多做历年真题，因为每年考试的大题基本上都是几种类型来回考查，只要你耐下心好好计算就能通过。

6. 公司战略与风险管理

这个科目是注会考试中难度最低的，有的教育机构会推出重点背诵的小册子，只要熟记里面的内容，一般过关不是问题。

最后，想要在五年内通过这六门科目的考试，该如何搭配呢？这主要取决于备考人平时的状态。如果是在职复习的考生，一年不建议备考两科以上，因为每一个科目都需要大量的时间去理解、记忆和练习，报考太多科目将可能导致每一科目的学习都浮于表面，大量的复习内容可能会让你感到疲惫和焦躁，最后选择放弃。另外，也不建议你一年只备考一门考试，把考试战线拖得太长。

推荐这样搭配科目：第一年备考会计和经济法，一门侧重理解，一门侧重记忆，难度适中，比较合理，许多人都觉得会计应该和税法一起考，两个科目相关性比较大，但我认为许多税会差异在备考中反而容易让人混淆；第二年备考审计和税法，审计的重点在记忆，平时的题目都是文字性内容，税法的重点在计算，平时的题目都是计算性内容；第三年备考财务成本管理和公司战略与风险管理，原因也是同理。

三、备考计划和心态

1. 制订合理的计划

好的计划是成功的一半。我们应根据自己平时可利用的空余时间，合理列出备考计划。计划要尽量详尽，比如每天几点到几点一定要看什么书，看书的时间、练习的时间、考试前最后一轮复习的时间等都要列好。

2. 保持一个良好的心态

考试是一场持久战，也是一场心理战，在备考过程中，首先不要半途而废，遇到有难度的知识点可以多看几遍教材，听听老师的视频讲解，也可以加入备考注册会计师的群聊中，多向他人讨教问题。

每一个人都有无限的潜力可以被挖掘，只要你相信自己，在备考中有合理的计划和良好的心态，就一定能通过考试。最后，希望大家都能求你所求、得你所得。

四有新人：有头有尾，有模有样

💡 原则

有头有尾，工作形成闭环；有模有样，细节成就精品。

💡 释义

朋友圈里曾有个热门问题："什么是一个人顶级的人格魅力？"有个高赞回答是："凡事有交代，件件有着落，事事有回音。"

有头有尾和有模有样归根结底就是两个字：靠谱。

有头有尾是指工作应该慎始善终，形成闭环；有模有样是指应该努力追求把工作做成精品，工作质量应该出众，自己拿得出手，别人说得出口。

领导者向下属布置工作时，无非是期望两个效果：

（1）"我期望你在规定时间内拿出满意的结果"；

（2）"如果做不到，请及时告诉我，并让我感到你已经尽力了"。

做事靠谱的人就是这样，他们会全力做，及时说，如实反馈，按常理办事，照常情做人。全力做意味着决心，及时说意味着敏锐，如实反馈意味着不逃避，按照常理、常情意味着通晓世事人情。而这所有的一切都意味着责任感，独自一人或配合他人，在规定的时间，以期待的质量完成工作。

在实际工作中，有的人工作时顾头不顾尾，工作中遇到困难也不向领导说，闷头按照自己的意图强行推进，任务结束了也不向领导回复，最后领导也不知道工作是做完了还是没有做完。

如果被问起来为什么不能给人回复，为什么不能做得周到一点，他们也许会说："做完就行了啊，对方肯定知道我做完了啊。""弄那么漂亮做什么，不是形式主义嘛！"

有的人工作质量比较粗糙，比如做张表格，数据完整了就算了事，也不管是否有多余的数据，表格是否美观，数据的含义是否清晰、是否有歧义，是否会引起别人的误解。

作为员工，这样的态度和表现就是没有一个员工的自觉，过于以自我为中心。工作的本质就是通过圆满完成领导交代的任务获得个人成长，完成任务是入门功夫，回应及时、干得漂亮才能脱颖而出。

职场上竞争激烈，你做不到，但有人能做到，相比之下，孰优孰劣，一目了然。如果你还满不在乎，按照上海人的说法，就是没有拎得清。

相反，如果能培养出这两种品格，养成良好的工作习惯，既有利于提高工作效率，妥善完成领导交办的任务，又能增强个人的工作成就感，提升个人价值，成为领导能用、愿用、爱用的职业经理人。

💲 方法

1. 勤请示，多汇报

我们要养成汇报的习惯，尤其是当面的、口头的汇报，对领导交代的工作要有反馈。更具体地说，要做到不懒惰、不逃避、负责任，独立完成自己的工作，争取达到我们所需要的结果，并积极向上级领导反馈工作进度。注意在反馈时尽量选择口头交流的形式，清晰地描述问题，使整个工作的全程能够被上级和其他相关人员感知。

打算开始的工作应提前请示或告知，正在执行的工作应适时汇报进度，即将完成的工作应以妥善的方式完成收尾。常见的收尾方式包括：向布置工作的领导以各种可能的通信方式完成口头或书面汇报，以 OA 报批、会议纪要、签批文件等形式存档。一项工作怎样才算完成了？在规定的时间内，以合格的质量获得最终审批人的认可或下一步的工作指示视为完成。

2. 产成品意识

（1）是方案而不是草稿。提交方案时要做到结构清晰、观点明确、重点突出，以及阐述完成与未完成的情况、原因及可能的解决方案。而草稿往往是罗列信息、缺少观点，只是工作过程的一个简单展示。

（2）呈现形式应美观、恰当。在需要讨论、向上级领导汇报的场合中，原则上应选择 PPT 形式。Excel 文件要求格式美观，Word 文件则要求排版规范、结构完整，前缀、署名等不可缺少。

（3）工作要有责任心，牢记自己的每一个错误都会给别人带来麻烦，尽己所能完成基本工作，维护别人对自己的信任。每个经办人既是工作发起者、进度的跟进者也是质量的保证者，解决问题的同时不能产生新的问题，为工作衔接者提供合格产品，不可放任不良结果的发生。

（4）要有纪律意识，对工作要不折不扣按时完成。在时间上应根据最终完成时间制订倒排计划，充分考虑向中间层级领导汇报、修改、与其他部门沟通的时间，千方百计，主动跟进。

（5）牢记细节决定成败，关注工作细节。细节不仅反映了一个人的综合素质、思维方式等方面，也是他人认识自己的一个重要方面。一切工作都在于自己，自己的事情自己负责。

（6）主动工作，对自己负责，积极主动地去完成工作，应该学会思考：我应该做什么？我还能做什么？用点滴事件来赢得别人的信任。

（7）严格要求自身工作，禁止懒散拖沓现象，摒弃"差不多""怕麻烦"两种不健康的心态，按时保质地完成工作。

💡 **案例**

褚时健做人做事的观念

褚时健是一代商业传奇，曾经的烟草大王，跌落神坛后又再次爬起的典范。

褚时健，1927 年出生于云南，1979 年 10 月任玉溪卷烟厂厂长。从 1979 年到 1997 年的 18 年间，他将玉溪卷烟厂的香烟产量从 27.5 万箱增加到 225 万箱，实现利税 991 亿元，年均增长率 44%，将红梅、阿诗玛、红塔山发展为全国名烟。1995 年，红塔集团成立，位列当年中国 500 强第二位，烟草行业全球第五大公司。1997 年，褚时健因涉嫌贪污受贿被移送司法，1999 年，72 岁的褚时健因贪污罪被判处无期徒刑，2001 年保外就医出狱。

2002 年，75 岁高龄的褚时健开始种植橙子，创立"褚橙"。2014 年，褚橙年产 9000 吨，收入 1 亿元，净利润 7000 万元。

褚时健总是充满一股子干劲儿，从头到脚充满做事的气质，他总是在思考，喜欢钻研，做事追求品质，精益求精，喜欢把眼前一件一件具体的事情做好，他认为做好手头的小事，就能做好心头的大事，他总说治大国如烹小鲜，小事料理得好，才有本事料理大事，过好眼前，就能过好长远。做事情最能让他感到幸福，他做事情不是为了表扬，也不是为了荣誉，只是他认为只要能干事，生命就有意义。他不期望别人在说起他的人生时有多少褒扬，只希望百年之后大家说一句"褚时健这个人，还是做了一些事"就够了。

他从小就坚持做什么事都要做好，下河拿鱼要比别人多，烤酒也不输人。他说："做一件事，力气一样花，马马虎虎地做，力气就白花了，认真总是没有错。把事做好，就会有快乐，就有成就感。"

五指连心：五指收于掌心，经营归于现金

原则

五指收于掌心，经营归于现金。

释义

现金是企业经营的核心，对于企业的意义是毋庸置疑的。现金是一般等价物，也是财富贮藏形式，企业经营始于现金，终于现金。

通常，企业的经营过程可以概括为五个步骤：接受股本注入、借款或归还借款、购买存货设备等资产、支付成本费用、取得收入。这五个步骤涉及股本、负债、资产、成本、收入五大要素，现金作为交易媒介贯穿于上述经营活动的全过程，五大要素就像五个手指，现金就像掌心，五大要素归于现金，就像五指收于掌心握成拳头，现金充裕才有活力，手指握成拳头才显合力。

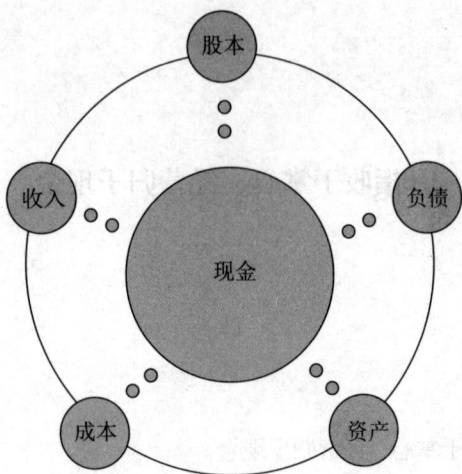

没有现金的注资不是实际的注资，只是表明了一项承诺；没有现金的贷款不是实际的贷款，只是一纸协议；没有现金的收入，不是安全的收入，会导致企业流动性破产；没有现金的资产购买和费用支出，可以暂时缓解企业的资金压力。因此，财务人员能够清楚企业资金的来源、去向、资金余额是非常重要的。

同时，编制现金流量表也是非常困难的，它是检验基层财务人员理论水平的试金石。

编制的困难来源于两个方面：一是财务使用权责发生制记账，二是财务要区分资本性支出和费用化支出。

1. 权责发生制

财务上有两类记账理论：一种是权责发生制，一种是现金收付制。

现金收付制非常简单，有实际的资金流入和流出就记账，没有就不记账，与一般大众的理解相同。

而权责发生制可简单理解为只要获得了收款权力，无论是否已经收到款项都可以确认收入；只要承担了付款义务，无论是否付出款项都可以确认支出。所以，在权责发生制下，即便没有资金收支也可以确认收入、成本、资产、负债和所有者权益。

体现在会计科目的设置上，就是应收账款、其他应收款、预付账款、应付账款、其他应付款、预收账款等六大往来。

2. 资本性支出

所谓资本性支出是先计入资产类科目，后续分年计入利润表的支出，比如购买固定资产、无形资产形成的支出。

资本性支出导致了时间性的差异。如固定资产、无形资产分别采取折旧和摊销的方式计入利润，因此导致在购买资产的当年，有现金支出但无成本，在以后年度，有成本但无现金支出的情形。

方法

对于现金流量表的编制，教科书上介绍的编制方法有三种：工作底稿法、T 型账户法、分析填列法。这三种方法都存在书写工作量大、思考工作量大、逻辑不严密、整个过程语焉不详等问题，总之就是不具备可操作性。

比如 CPA 教材《会计》提到工作底稿法时如是说：

以资产负债表和利润表数据为基础，对每一项目进行分析并编制调整分录，从而编制现金流量表。

从企业业务涉及的会计处理中账户是否涉及现金的角度，将企业的业务处理分为三大类：

第一类：借贷双方都涉及现金；

第二类：借贷双方都是非现金；

第三类：借贷双方一方是现金，一方是非现金。

在这三类中，只有第三类的账户和现金流量表的计算有关，在工作底稿中，将涉及现金项目的换成现金流量表中的对应项目。如销售商品分录如下：

借：银行存款

　　贷：主营业务收入

　　　　应交税费

在工作底稿中做的调整分录就是把现金等价替换为各个分类项目：

借：销售商品、提供劳务收到的现金（表示该项目的现金流入量）

　　贷：主营业务收入

应交税费

将企业业务中涉及现金的都按此思路来在工作底稿中调整，最终编制出现金流量表。

但企业一年的业务千千万万，不可能按照这种方法编制现金流量表，我们应该寻找更为简单的办法。

1. 直接法编制现金流量表

对于直接法来说，最简单的方式就是逐笔分析银行日记账和现金日记账，按照报表项目逐一标记，最后分类汇总。比如，收到了一笔产品销售款，就标记为"销售商品、提供劳务收到的现金"，支付了一笔原材料采购款，就标记为"购买商品、接受劳务支付的现金"。

2. 间接法编制现金流量表

利用间接法编制现金流量表有一定难度，其要求从净利润编起，加回折旧摊销，减去应收账款的增加、存货的增加、应付账款减少，加回应付账款的增加，应收账款的减少、存货的减少等，还要从应付账款余额中剔除投资性的应付账款，只保留经营性应付账款等，到底应该加回来还是减去，剔除还是不剔除，令人晕头转向。

其实，我们完全可以不必如此，不必劳心费力地去考虑诸如应收账款是增加了还是减少了，应该加回来还是减去等问题。

因为间接法纯粹就是数学问题，在本质上与报表科目性质无关，与交易内容的关系也不大。

间接法就是会计科目的移项合并同类项。

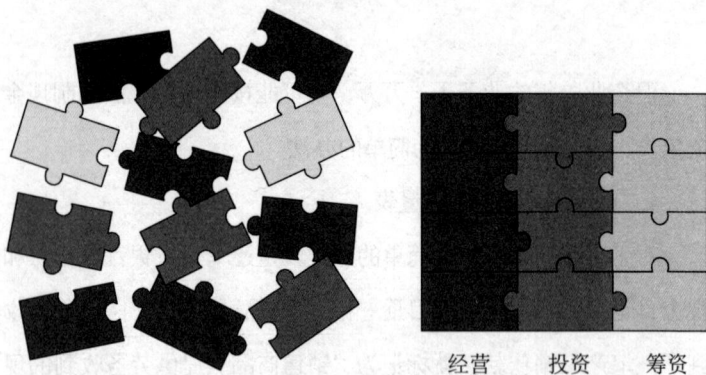

经营　　投资　　筹资

下面我们用一种非常简化的方式阐明现金流量表的原理，虽然不够精确，却不妨碍它的正确。

我们知道"资产 = 负债 + 所有者权益"，那么"△资产[①]= △负债 + △所有者权益"，进一步得出"△现金 + △非现金资产 = △负债 + 净利润 + △非净利润项目"。

我们假设非现金资产只有应收、存货、固定资产原值、累计折旧四类，负债只有应付、借款两类，非净利润项目只有股本一类，那么可以推论出：

————————

① △是希腊字母 Delta，念做"德尔塔"，意思是变化额。△资产即资产的变化额，等于资产期末余额 − 资产期初余额，其他科目含义类似。

△现金＋△应收＋△存货＋△固定资产原值－△累计折旧＝△应付＋△借款＋△股本＋净利润

最关键的一步来了——移项合并同类项。

将公式左边△应收、△存货、△固定资产原值、△累计折旧移到右边，然后按照它们与经营性现金流、投资性现金流、筹资性现金流的关系强度进行分组，得出：

△现金＝△应付＋△借款＋△股本＋净利润－△应收－△存货－△固定资产原值＋△累计折旧＝（净利润＋△累计折旧－△应收－△存货＋△应付）－△固定资产原值＋（△借款＋△股本）

笼统地说，（净利润＋△累计折旧－△应收－△存货＋△应付）等五项约等于经营性现金流，△固定资产原值约等于投资性现金流，（△借款＋△股本）等两项约等于筹资性现金流，而△现金＝期末现金余额－期初现金余额，故上述公式又可以表述为：

净利润

＋△累计折旧

－△应收

－△存货

＋△应付

－△固定资产原值

＋△借款

＋△股本

＋期初现金余额

＝期末现金余额

这其实就是一张完整的现金流量表，经营性现金流、投资性现金流、筹资性现金流都用间接法编制。

上述原理示意采用了简化的方法，只选取了若干代表性的科目，显然无论科目有多少，移项合并同类项的数学规则是不会改变的。

通常，我们只用间接法编制经营性现金流部分，往往会造成与直接法下的经营性现金流不符，不得不倒挤到"经营活动产生的现金流－其他"中，造成无法解释"其他"到底包含什么内容的尴尬。

但如果使用"移项合并同类项"的方法同时编制包含三类现金流的完整现金流量表，只要没有遗漏任何有余额的科目，上述现金流量表与资产负债表中的资金期初余额、期末余额、利润表中的净利润一定是勾稽的，问题只可能出在归属于三类现金流的金额对不对而已。

其实，直接法和间接法本质上是一回事儿，直接法也可以用移项合并同类项的方法得到，比如"销售商品、提供劳务收到的现金"约等于（收入＋增值税销项税额－△应收），这几项都可以从科目余额和发生额中找到。

如果我们把投资性现金流、筹资性现金流替换成直接法下的科目和格式，经营性现金流的部分依然采用间接法的科目和格式，就得到一张间接法和直接法混排的现金流量表。这样做的目的是既可以保持三张报表间随时勾稽平衡，又可以在用间接法编制经营性现金流的同时，校验直接法投资性和筹资性现金流的准确性。

剩下的工作就是精细调整三类现金流是否正确的问题了。比如企业购买了一项资产，并没有付款，这时就需要从"△应付"中剔除，挪到投资性现金流中，抵减"△固定资产原值"。

由此，我们把上述方法称作"移项合并同类项法"。具体可分为五步：改造间接法报表、计算资产负债表发生额、整合利润表和所有者权益变动表、移项合并同类项和编制调整分录。

这种方法有以下四大优点，希望大家能够好好体会，多加练习。

（1）逻辑清晰：会数学就会编制。

（2）简化工作：集中精力于调整分类不恰当的部分。

（3）自动钩稽：固化钩稽关系，无论是否有调整，时刻自动保持钩稽平衡。

（4）易于复核：过程可见，只需确认调整分录是否正确、完整。

案例

某物业公司的现金流量表编制

某公司年初现金100万元，其他科目期初余额见第三步资产负债发生额表，本期发生如下17笔业务：

（1）购置固定资产100万元，支付20万元，80万元未付。

（2）支付上年度未付的固定资产款60万元。

（3）预付固定资产款200万元，资产尚未运达。

（4）购置固定资产300万元，款项上年已支付。

（5）本期处置固定资产原值10万元，累计折旧8万元，售价5万元。

（6）在建工程年初余额60万元，本期全部转为固定资产。

（7）本年计提折旧45万元，计入管理费用。

（8）本年其他应收款计提坏账准备50万元，未发生坏账损失。

（9）购置存货200万元，支付40万元，160万元未付。

（10）本年支付上年未付存货款80万元。

（11）购置存货70万元，款项已于上年支付。

（12）预付存货款50万元，资产尚未运达。

（13）本期财务费用为-30万元，全部为存款利息收入，全部收现。

（14）本期计提递延所得税资产80万元。

（15）本期收到物管费350万元，转收入150万元，预收200

万元。

（16）本期预提保洁费用 60 万元。

（17）收到年会发票 30 万元，款项已于去年支付。

现在开始编制现金流量表。

第一步：改造间接法现金流量表

将间接法经营活动现金流，直接法投资活动、筹资活动现金流混排在一起，形成完整的现金流量表，预留两列【调整项目】栏，以备第四步精细调整使用。

现金流量表

金额单位：人民币 / 万元

项　目	调整前	调整项目		调整后
		借方	贷方	
一、经营活动产生的现金流量				
净利润	78			78
加：资产减值准备			50	50
固定资产折旧、油气资产折耗、生产性生物资产折旧			45	45
无形资产摊销				
长期待摊费用摊销				
处置固定资产、无形资产和其他长期资产的损失		3		−3

（续表）

项目	调整前	调整项目		调整后
		借方	贷方	
固定资产报废损失（收益以"–"号填列）				
公允价值变动损失（收益以"–"号填列）				
财务费用（收益以"–"号填列）				
投资损失（收益以"–"号填列）				
递延所得税资产减少（增加以"–"号填列）	−80			−80
递延所得税负债增加（减少以"–"号填列）				
存货的减少（增加以"–"号填列）	−270			−270
经营性应收项目的减少（增加以"–"号填列）	200	350	200	50
经营性应付项目的增加（减少以"–"号填列）	360	80	60	340
其他				
经营活动产生的现金流量净额	288	433	355	210
二、投资活动产生的现金流量				
收回投资收到的现金				
取得投资收益收到的现金				
处置固定资产、无形资产和其他长期资产收回的现金净额			5	5

（续表）

项 目	调整前	调整项目		调整后
		借方	贷方	
处置子公司及其他营业单位收到的现金净额				
收到其他与投资活动有关的现金				
现金流入小计			5	5
购置固定资产、无形资产和其他长期资产所支付的现金	353	307	380	280
投资支付的现金				
取得子公司及其他营业单位支付的现金净额				
支付的其他与投资活动有关的现金				
现金流出小计	353	307	380	280
投资活动产生的现金流量净额	−353	−307	−375	−275
三、筹资活动产生的现金流量		—	—	
吸收投资收到的现金				
取得借款收到的现金				
收到其他与筹资活动有关的现金				
现金流入小计				
偿还债务支付的现金				
分配股利、利润和偿付利息支付的现金				
支付其他与筹资活动有关的现金				

（续表）

项　目	调整前	调整项目		调整后
		借方	贷方	
现金流出小计				
筹资活动产生的现金流量净额				
四、汇率变动对现金及现金等价物的影响				
五、现金及现金等价物净增加额	−65	740	740	−65
加：期初现金及现金等价物余额	100			100
六、期末现金及现金等价物余额	35			35

第二步：计算资产负债表发生额

将负债和权益类项目排列至资产类项目下方，使用期末余额减去期初余额得到各项目发生额。

资产负债发生额表

金额单位：人民币／万元

资产负债表	期末余额	年初余额	发生额
流动资产：			
货币资金	35	100	−65
交易性金融资产			
应收票据			
应收账款			

（续表）

资产负债表	期末余额	年初余额	发生额
预付款项	50	200	−150
应收利息			
应收股利			
其他应收款	80	130	−50
存货	290	20	270
一年内到期的非流动资产			
其他流动资产			
流动资产合计	455	450	5
非流动资产：			
可供出售金融资产			
持有至到期投资			
长期应收款			
长期股权投资			
投资性房地产			
固定资产	863	450	413
在建工程		60	−60
工程物资			
固定资产清理			
生产性生物资产			
油气资产			
无形资产			

（续表）

资产负债表	期末余额	年初余额	发生额
开发支出			
商誉			
长期待摊费用			
递延所得税资产	95	15	80
其他非流动资产			
非流动资产合计	958	525	433
资产总计	1,413	975	438
流动负债：			
短期借款			
交易性金融负债			
应付票据			
应付账款	100	20	80
预收款项	235	35	200
应付职工薪酬			
应交税费			
应付利息			
应付股利			
其他应付款	110	30	80
一年内到期的非流动负债			
其他流动负债			
流动负债合计	445	85	360

资产负债表	期末余额	年初余额	发生额
非流动负债：			
长期借款			
应付债券			
长期应付款			
专项应付款			
预计负债			
递延所得税负债			
其他非流动负债			
非流动负债合计			
负债合计	445	85	360
所有者权益（或股东权益）：			
实收资本（或股本）	888	888	—
资本公积			
减：库存股			
盈余公积			
未分配利润	80	2	78
所有者权益（或股东权益）合计	968	890	78
负债和所有者权益（或股东权益）总计	1,413	975	438

第三步：整合利润表和所有者权益变动表

将所有者权益变动表放到利润表下方，衔接利润表和资产负债表中所有者权益部分，形成未分配利润表。

利润表和所有者权益变动表本身就是发生额表，它们与资产负债发生额表一起，涵盖了该公司本期所有的业务。

本例中年初未分配利润 2 万元，年末未分配利润 80 万元，本年利润 78 万元，正等于未分配利润科目发生额。

未分配利润表

金额单位：人民币 / 万元

项目	本年累计
一、营业收入	150
减：营业成本	60
营业税金及附加	
销售费用	
管理费用	75
财务费用	−30
资产减值损失	50
加：公允价值变动收益	
投资收益	
其中：对联营企业和合营企业的投资收益	
二、营业利润（亏损以 "-" 号填列）	−5
加：营业外收入	3

（续表）

项目	本年累计
减：营业外支出	
其中：非流动资产处置损失	
三、利润总额（亏损总额以 "-" 号填列）	−2
减：所得税费用	−80
四、净利润（净亏损以 "-" 号填列）*	78
加：以前年度损益调整	
五、调整后净利润	78
归属于母公司所有者的净利润	78
少数股东损益	
六、归属于母公司所有者的净利润	78
加：年初未分配利润	2
盈余公积金转入数	
七、可供分配的利润	80
减：提取法定公积金	
提取法定公益金	
提取职工福利及奖励金	
八、可供股东分配的利润	80
减：应付优先股股利	
提取任意盈余公积金	
应付普通股股利	
转作资本的普通股股利	
九、未分配利润	80

第四步：移项合并同类项

将资产负债发生额表、未分配利润表中的数据引用到现金流量表中。如将未分配利润表中的净利润 78 万元引至现金流量表【净利润】处。

将资产负债发生额表中的递延所得税资产 80 万元引至【递延所得税资产减少（增加以"－"号填列）】处。

将资产负债发生额表中△固定资产 413 万元，△在建工程 −60 万元引至【购置固定资产、无形资产和其他长期资产所支付的现金】。

其他科目以此类推，最终结果见第一步中现金流量表中【调整前】列。

第五步：编制调整分录

经过第四步将科目发生额初步分类后，我们发现有分类不正确的现象发生，比如第一笔业务购入固定资产 100 万元，有 80 万元未付，我们在第四步中将固定资产项目发生额全额计入了【购置固定资产、无形资产和其他长期资产所支付的现金】，将其他应付款项目发生额全额计入了【经营性应付项目的增加（减少以"－"号填列）】，如此一来，就同时虚增了投资性支出和经营性流入，需要通过调整分录调减投资性支出和经营性流入。

摘要	调整项目	借	贷
本期购入固定资产未付款	购置固定资产、无形资产和其他长期资产所支付的现金		80
	经营性应付项目的增加（减少以"－"号填列）	80	

需要注意的是表中的【调整项目】必须用现金流量表中的项目名称，这样才能在现金流量表中使用 SUMIF 将调整数据汇总进来。

本例中共有七笔业务需要调整，其他六笔见下表。

摘要	调整项目	借	贷
本期支付期初未付固定资产款	购置固定资产、无形资产和其他长期资产所支付的现金	60	
	经营性应付项目的增加（减少以"－"号填列）		60
本期预付固定资产款	购置固定资产、无形资产和其他长期资产所支付的现金	200	
	经营性应收项目的减少（增加以"－"号填列）		200
本期购置固定资产，款项已于上年支付	购置固定资产、无形资产和其他长期资产所支付的现金		300
	经营性应收项目的减少（增加以"－"号填列）	300	

（续表）

摘要	调整项目	借	贷
本年处置固定资产	处置固定资产、无形资产和其他长期资产的损失（收益以"－"号填列）	3	
	购置固定资产、无形资产和其他长期资产所支付的现金	2	
	处置固定资产、无形资产和其他长期资产收回的现金净额		5
本年计提折旧	购置固定资产、无形资产和其他长期资产所支付的现金	45	
	固定资产折旧、油气资产折耗、生产性生物资产折旧		45
本年计提坏账	加：资产减值准备		50
	经营性应收项目的减少（增加以"－"号填列）	50	

总结起来，调整分录产生的原因主要有三种：

（1）三种现金流间分类不恰当的：应付中含有投资活动的，如应付固定资产款；预付中含有投资活动的，如预付固定资产款。

（2）经营活动中需要单独列示调整的：应收账款计提坏账准备。

（3）同一大类现金流中流入数和流出数需要重分类的。

如何确认分录的借贷方是此时的关键，大家只需要掌握两个原则就好：所有的借方表示该事项导致资金流出，与具体业务内容无关；所有的贷方表示该事项导致资金流入，具体与业务内容无关。

第二章
中层财务人员
必须要具备的 11 个观念

Financial thinking

  财务人员从基层走到中层，工作内容发生了较大变化。比如，在填表、算数等案头工作的基础上增加了指导下属工作的内容，在以财务内部沟通为主的基础上增加了与其他部门同事沟通的工作，从管理好自己走向了管理好他人，从被动接受任务转变为传达上级布置的任务，工作成果的展现也从提交静态文件转变为需要更多的口头汇报。

  这些内容对财务人员的书面表达、口头表达、人际交往能力、管理能力都提出了新的要求。因此，本篇着重从这几个要求出发，阐述中层财务人员应具备的 11 个观念。

一支笔杆：怎样写好公文

原则

言之无文，行而不远。

释义

"言之无文，行而不远"出自《左传》，意思是说出的话如果没有文采、条理，就不能流传很远。

作为一名中层财务人员，常常遇到书面请示上级、发布工作通知、制定规章制度、草拟或审核合同、年度工作总结等五类工作场景。因此，会写、能写、善写公文就成为中层财务人员必备的基本素质。

在公文撰写中，标题怎样立，正文怎样布局，怎样选择合适的措辞、恰当的语气，以及落款、字体、字号的选择等都是需要认真思考的方面。

💡 方法

在公文写作中，初学者常常会犯一些错误，比如有语法错误、正文排布缺乏结构性、措辞过于口语化等。

那么，我们如何避免常规错误，系统性地提高公文写作的水平呢？可以从以下三个方面着手。

1. 学习国家公文标准，掌握排篇布局

公文写作规范是有国家标准的，主要有两个文件。

第一个文件是中华人民共和国国家质量监督检验检疫总局与中国国家标准化管理委员会于 2012 年 6 月 29 日发布、2012 年 7 月 1 日实施的国家标准 GB/T 9704—2012《党政机关公文格式》，其中规定了公文的版面设计要求，印制装订要求，版头、标题、正文、落款等要素的排列规则，字号、行高、页边距等各类规范，十分详尽。

第二个文件是中共中央办公厅、国务院办公厅于 2012 年 4 月 16 日发布的《党政机关公文处理工作条例》，其中规范了公文的种类、格式、行文规则、办理程序等。

如果仔细研读上述两份文件，并辅以阅读公文写作类书籍，亲手操练实践几次公文后，写作水平就会有质的飞跃。

2. 学习政府工作报告，培养文风语感

想要培养文风语感，最简单直接的方法就是学习政府工作报告，不断地研究和积累语法、措辞。

中华人民共和国中央人民政府网站 www.gov.cn 上列有自 1954 年至今的政府工作报告，我们可以挑选其中几篇报告，仔细研读，对形成语感和庄重严谨的文风颇有帮助。

3. 阅读法典法条，学习法言法语

如果要审核、草拟合同，我们还必须要学习法律术语，掌握常用的权利、义务、违约责任等主题的正确表述方式，这样才能规避合同中的不利条款，避免不当表述。

读者可以通过阅读《中华人民共和国法律全编》，学习法言法语，如果觉得法律全编阅读量过大，也可以购买《中华人民共和国合同法》《中华人民共和国劳动法》等单行本法律，以增长自己的相关知识。

💡 案例

阅读政府工作报告的技巧

政府工作报告是中国最优秀的公文，用词凝练、庄重，措辞严谨、环环相扣，信息密集、包罗万象，涉及社会、经济、民生、政治、科教文卫等方方面面，如果逐字逐句地阅读，很容易因为不了解主题本身而产生疲怠感，耽搁了理解内容、提高写作水平的主要目标。

一个有效的阅读诀窍就是"关键词挑选法"。我们可以将政府工作报告拷贝至 word 中，使用 Ctrl+F 键搜索关键词，提炼出典型的动词、名词作为核心词，搭配常见的形容词、副词作为修饰词，并将近义词、反义词归为一组，对比学习，成组记忆。

如果关键词是动词，就要注意可以修饰它的各类副词、它可以修饰的各类名词，以及动词的反义词。举例如下。

形成：初步形成、逐步形成、稳步形成、加快形成

实现：全面实现、部分实现、初步实现

增强：增强发展后劲、增强市场信心、增强中华民族的自豪感

增加：显著增加、大幅增加、合理增加、多渠道增加

减少：显著减少、大幅减少、合理减少

如果关键词是形容词，则需要注意它可以修饰的名词，以及它本身的反义词，举例如下。

全局性：全局性风险、全局性问题、全局性眼光

局部性：局部性风险、局部性问题、局部性矛盾

如果关键词是名词，则需要注意修饰它的形容词，举例如下。

因素：结构性因素、周期性因素、不稳定因素、不确定因素

矛盾：长期矛盾、短期矛盾、突出矛盾、日益尖锐的矛盾

问题：短期问题、长期问题、苗头性问题、趋势性问题

压力：双重压力、多重压力、下行压力、上行压力

　　如果读者能仔细体会其中的奥妙，并且熟练地念出来，用嘴巴记住而不是用脑子记住，我相信以后再读政府工作报告的时候，就会轻车熟路，不会被严谨、细微的逻辑差异搞得头昏脑涨了。

两张嘴皮：如何做好口头汇报

原则

是人才不一定有口才，有口才一定是人才。

释义

三百六十行，行行出状元，各行各业都有优秀的人才。有的行业不需要卓越的口才也可以做得很出色，比如绘画、工程师、IT 人员；有的行业却是以口才为生，比如相声、主持人、播音员。

无论是否以口才为生，如果能够在专业技能的基础上，具备逻辑清晰、措辞得力、富有感染力的表达能力，无疑能够令人刮目相看。

日本松下电器的创始人、"经营四圣"之一的松下幸之助有句名言："企业管理过去是沟通，现在是沟通，未来还是沟通"，而其中首要的沟通形式就是口头沟通。作为一名中层财务人员，要知道有声音才有影响力，没有声音就是隐形人，难以服众。

另外，对口才的认识不能仅仅停留在嘴皮子功夫上，应该进一步加深。语言是思想的载体，借有声有形的语言可以表达无声无形的思想；另一方面，语言能力的提高反过来也可以提高思维能力。参加辩论赛的选手，都是在不断的语言能力训练中，不断提升思维能力的。一个能说会道的人也许纸上谈兵，实际做事能力不强，但你绝不会认为他没有思想。

传统财务人员给人的印象是不善言辞，甚至笨口拙舌，造成这种状况的原因大概有三个。

1. 专业特性

财务讲究遵守法律，借贷平衡，数据准确。财务人员时常需要考虑是否严格地符合会计准则的规定，反反复复地观察借贷是否平衡，一遍一遍地检查数据是否准确，寻找差异原因。这些微妙的验证、调整过程往往细致烦琐，独自进行，通常别人也只关心结果，不太关心这个过程。

2. 工作对象

营销部门主要是与客户打交道，人力部门主要是与员工打交道，通常他们的口头表达能力都很强，也善于应变。但是，财务人员主要是处理案头工作，与他人沟通较少，因此表达能力通常也一般。

3. 社会期望

社会期望财务人员的形象是严谨细致，不能夸夸其谈，也不能浮躁轻率，在一定程度上财务人员受到多多少少的暗示，他们为了迎合社会期望，塑造专业可靠的形象，养成了谨言慎行的习惯。

由于经济交流活动日益活跃，财务人员与其他人交流的机会越来越多，在与上级汇报、与客商谈判、跨部门沟通、总结大会、员工培训等诸多场合，都需要财务人员具备较强的口头表达能力。尤其对于中层财务人员来讲，口头沟通能力更是核心管理能力。

💡 方法

要想成为一名优秀的财务人员，那如何提升口头表达能力呢？答案是"练习"。

首先，要认识到口头表达是技能，不是知识，技能的培养需要的是练习，阅读口才书籍，背诵演讲稿件、观看教学视频是没有用的，因为那不是练习技能，只是在学习知识。其实，任何技能都需要练习，比如走路练习得好可以当模特，跑步练习得好可以当运动员，嘴皮子练习得好可以说相声，厨艺练习得好可以当个好厨师，朗读练习得好可以当播音员，这些技能都需要有教练、老师指导，同样口才也需要练习，也需要指导，这些技能性的才能仅仅通过看书和看视频是无法解决的，必须到现场学习，当场有人指导才能改正。

其次，要认识到无法流畅地当众讲话，这与性格、能力、自信心一点儿关系都没有，仅仅是没有经过正确的练习而已。有人恐惧当众讲话，就认为自己性格有问题，自己能力太差，或者自己不够自信，等等，其实这些观念都是错误的。不知道如何当众介绍自己，是因为没有练习过介绍自己的"五字决"；讲话时脑子一片空白，是因为没有练习过讲话不散的套路；不敢与人目光交流，是因为没有正确地练习过目光交流；语言苍白难以吸引人，是因为没有练习过"五觉描写法"。

最后，不能盲目地、错误地进行练习，而必须要进行有效、反复的练习。有人在不具备良好表达能力的情况下，强行争取发言机会，不但不会有提高，反而会积累负面经验，留下心理阴影。

那如何进行有效的练习呢？主要有两种办法：一是参加演讲培训班，二是跟读新闻节目。

1. 参加演讲培训班

在演讲培训班上，可以进行多方面的训练，可以练习如何开场和结束，练习节奏来增强感染力，练习演讲结构来增强条理性，练习手势和体态来增强活力，模拟汇报、婚宴、聚会等各类场合的发言套路，一般一个月就可以取得效果，克服头脑空白、脸红心跳、体态僵硬、条理不清、缺乏感染力、没有说服力等情况。

2. 跟读新闻节目

还有一种非常有效的练习方式是跟读新闻节目，一般每天半个小时，一个月即可见效。

新闻节目的语言特点有两个：

一是兼顾了书面语的规范性和口语的灵活性，不像一般书面语一样与人隔了一层，也不像一般口语一样不够规整，缺乏效率。

二是具备很强的节奏感，朗朗上口。

这两个特点正与管理者应该塑造的发言形象吻合，君子不重不威，一个管理者如果总是说大白话，语调平淡，是难以让人敬重的。

至于节目，可以根据自己的兴趣来选择，发音和措辞规范就好。

案例

如何练就出口成章的本事

在事先有准备的情况下，顺利完成当众发言只是比较初级的水平，更高级的水平是能够即兴演讲，出口成章。如果经过恰当的训练，养成出口成章的能力也不是不可能，只需要做到以下四个方面即可。

1. 形成结构

未开口前结构已在脑海中全盘浮现。比如一二三结构、过去现在未来结构，类似于评书中的四梁八柱。评书艺人口若悬河、出口成章，并不是因为有超人的记忆力，而是记住了人名、地名、诗词和情节，然后利用长年累月练就的表达能力现场演绎而已。

2. 丰富词汇

语言就是智慧，词汇就是思想，结构为骨，词汇为魂，平时要多积累词汇，要多多地记录和背诵，并利用手机备忘录、云笔记等现代手段记录下来，时时复习。

3. 调和书面语和口语

兼具书面语的规范和口语的灵活，不能像一般书面语一样与人隔了一层，也不能像一般口语一样不够规整、缺乏效率。读者可以跟读新闻或喜欢的评书，每天半个小时，一个月即可见效。

4. 找到适合自己的节奏

语音语调要具备一定的节奏感、音乐性，寻找适合自己的曲风，一方面是为了悦耳，另一方面也是为了省力。

"三动"培训：怎样做好培训

💡 原则

互动、触动、行动。

💡 释义

通常开展培训的目的是宣传制度、布置任务、交流感情，终极目标是取得共识。

那我们如何取得共识呢？一个有效的原则是"三动法则"：互动、触动、行动，即培训的过程中要号召参训人员多互动、多参与，培训的效果要触动人心，并最终落实到参训人员的行动上。

互动是指讲师与学员之间、学员与学员之间通过问答、研讨等形式参与到培训过程中来，而不仅仅是讲师单方面地向学员宣讲灌输。

触动是指培训应起到触动人心的作用，否则，没有打动人心的培训就容易使人心生倦怠，不能使人产生深层次的认同。

行动是指培训不应仅仅停留在现场宣讲环节，而应通过布置任务与日常工作联系起来，避免理论脱离实践，培训内容脱离工作实际。

方法

培训要实现"三动"的效果，方法有很多，这里主要介绍两种方法：任务树和解决之道。这两种方法的共同点为：培训要素结构化，就是把培训目的、问题原因、解决方法、下一步工作计划等培训要素分成若干步骤逐一研讨，把单方面的宣讲变为双向互动的讨论，把讲师单方面的想法变为集体共识，让学员深度参与到培训全程中，在身体力行的研讨中深刻地体会培训的必要性，在群策群力的氛围里调动解决问题的积极性，自动自发地产生以实际行动解决问题的愿望。

下面我们假设培训学员分为四组。

1. 任务树

任务树可以解决培训对象的以下问题：无法全面透彻地理解某一具体工作任务；工作目标不清晰；抓不住工作的重点、难点、要点；没有解决思路等。

实施这种方法需要七个步骤。

第一步：绘制任务树，确定工作目标和主要任务。

任务树有四个要素：树干、树枝、长度和果实。

树干代表工作目标；树枝代表为完成工作目标需要执行的工作任务，可以逐级分解，形成分级枝干；树枝的长度代表此工作任务对工作目标的贡献度，即重要程度；果实代表工作中的难点、要点。

第一步由讲师根据培训主题直接确认树干，四组学员各自内部讨论一级树枝的构成。树干和树枝直接画在白板上，树枝内容的研讨结果写在即时贴上，粘贴到白板的相应位置，由讲师组织学员集体评选广受认同的任务作为一级树枝。时间为 20 分钟。

第二步：各小组领取任务，内部探讨解决措施。

每个小组选择一级树枝作为自己的任务，小组内讨论确定在此工作大类下的相关工作项目，完成二级树枝和三级树枝。把树枝直接绘制在白板上，树枝内容写在即时贴上，粘贴到任务树的相应位置。时间为 15 分钟。

第三步：集体讨论，查漏补缺。

各小组之间相互讨论，提供建议。每个小组选出一名组员做代言人和记录员，负责解释本组工作，并记录下其他小组的意见。每个小组应给其他小组提供至少 2 条建议。

根据记录员的记录，各小组讨论完善相关的枝干；完成后写在即时贴上，粘贴到任务树的相应位置。时间为 20 分钟。

第四步：确定工作中的 4 个难点。

让每个组员思考完成年度任务中的难点，用即时贴贴在班级任务树上。难点可能包括产生影响下一步工作进行的关键节点、需要多部门协作的任务、受资源限制最多任务等。

然后，讲师组织各小组投票评选工作中的 4 个最难点，作为下一步重点解决的问题。时间为 15 分钟。

第五步：形成难点解决方案。

每个小组各领取 1 个难点，内部讨论分析解决方案，明确思路、步骤、时间、责任人。

第六步：集体讨论，查漏补缺。

参照第四步的做法相互讨论、提供建议。

第七步：大功告成。

清理规整任务树，回顾最终确定的树干、下级树枝、工作难点和解决方法，布置工作计划。

2. 解决之道

"解决之道"是一种研讨型教学法，它能够激发群体智慧，创造性地解决业务部门中普遍的、影响程度大的、成功经验较少的、具体的难题。

实施这种方法需要四个步骤。

第一步：导入案例，提出问题，界定问题。

问题的描述可分为"发散性描述"和"收敛性描述"。通常，问题会以发散性方式提出，但在补充模糊的表述或将其具体化以后，可以转变为收敛性问题，只有被转变为收敛性的问题才能够刺激思考和寻找原因，并得出针对性的答案。

第二步：找到问题的根本原因。

要求每个人独立分析原因，小组内归类汇总，查漏补缺，共同讨论出三条最重要的原因，并写在即时贴上，粘贴上墙。每组选出一名讲解员讲解本组的成果，小组其他成员顺时针参观其他组的成果。之后全体学员共同讨论出四个最重要的原因。

第三步：制定解决方案。

每组领取一个原因制定解决方案，每人结合自己的工作实践，提出 2~3 个解决方案，小组讨论汇总，各小组将本组得到的解决方案粘贴上墙。每组选出一名讲解员讲解本组的成果，小组其他成员顺时针参观其他组的成果。

全体学员集体投票，每人三票，投给其他组提出的最有利于解决问题的方案，注意不能投给本组，得票前三名的方案汇总成全班最佳解决方案。

第四步：制定行动计划。

结合最佳解决方案，制定个人行动计划，每人 2~3 条，行动计划要素包括措施、责任人、开始时间、完成时间、完成标准等。

📖 案例

某公司年度利润指标完成路径研讨

我们以探讨某公司如何完成年度利润指标为例，简述任务树的实施效果。

1. 画出任务树

树干就是预算过程管控，可分为五个二级树枝：预算分解、预算执行、预算分析、预算调整、预算考核。

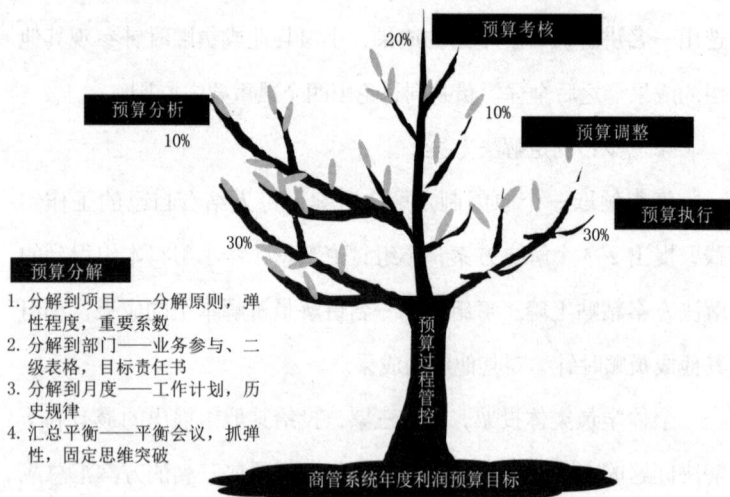

预算考核 20%

预算分析 10%

预算调整 10%

预算执行 30%

30%

预算分解
1. 分解到项目——分解原则，弹性程度，重要系数
2. 分解到部门——业务参与、二级表格，目标责任书
3. 分解到月度——工作计划，历史规律
4. 汇总平衡——平衡会议，抓弹性，固定思维突破

预算过程管控

商管系统年度利润预算目标

（1）预算分解可分为四个子任务作为三级树枝：分解到项目、分解到部门、分解到月度、汇总平衡。

（2）预算执行可分为三个子任务作为三级树枝：事前控制、事中控制、事后控制。

（3）预算分析可分为三个子任务作为三级树枝：数据通报、分析收集、预算会议。

（4）预算调整可分为两个子任务作为三级树枝：指标调整、

其他调整。

（5）预算考核可分为三个子任务作为三级树枝：考核口径、考核内容和考核方式。

2. 找出预算中存在的难点

比如：

（1）预算如何有效分解？

（2）重点项目，如人工成本，如何实施预算管控？

（3）预算如何与资金挂钩？

（4）预算考核如何有效实施？

3. 以人工成本超支为例，制定难点解决方案

比如：

（1）重新制定预算标准。

（2）重新梳理职责分工。

（3）梳理关键影响因素，如总经理、人力和其他部门的参与度。

（4）梳理关键工作步骤：

①与总经理沟通，人工成本单月超支对年度预算的影响程度，超预算需要报批。

②通过总经理要求人力部门分析超支的原因，综合各部门意见后提交整改方案。

③召开专项会议，讨论整改方案，形成决策文件下发。

④人力部门主持整改方案，财务监督落实。

4. 制订行动计划

（1）分析本公司的预算工作现状，提出年度预算工作思路和行动计划。

（2）对照预算管控任务树和难点分析，由某组带领编写预算编制指引。

A4 报告：如何撰写汇报文件

原则

在一页 A4 纸上完成汇报。

释义

企业中的汇报不像写小说，优秀的小说需要情节跌宕起伏，能引起读者的情绪波动，最忌讳的就是平铺直叙，缺乏悬念，没有波折，企业汇报则是完全相反的方向，汇报的目的是说服领导，最忌讳的就是主线不清、逻辑混乱。

在企业中，书面汇报的载体往往有两种：Word 和 PPT。无论是 Word 还是 PPT，都可以理解为一页页 A4 纸张。最极致的汇报效果是在一页 A4 纸上完成汇报。如果需要更多页面，也要做到一页一主题：每个页面本身主题明确，内容完整；页面和页面之间既相互独立，又有机联系。

💡 方法

主要方法有以下几种：

1. 金字塔原理

金字塔原理是麦肯锡咨询公司的汇报方法论，即任何主题都可以归纳为一个中心问题，每个中心问题都可用若干论据支撑，每个论据又可以作为二级中心问题，使用二级论据进行论证，如此层层叠叠，形如金字塔，故名金字塔原理。

所有的论据应该达到不重、不漏的效果，即论据和论据之间相互独立，没有重合信息，所有论据又共同组成完整的概念范畴，没有遗漏。

汇报文件的内容要素通常包括标题、结论、证据三项。使用金字塔原理，就是采用总分结构，从结论说起，逻辑层层递进，证据环环相扣，最后扣回结论，总结请示。

2. 三种逻辑钩稽关系

汇报材料要做到三种逻辑钩稽，分别是头脑逻辑、语言逻辑和视觉逻辑。

（1）头脑逻辑。头脑逻辑就是事理逻辑，即符不符合常理，逻辑是不是正确。头脑的逻辑是无形的，看不见摸不着，很多人在阐述逻辑的时候，往往是模糊的、跳跃的，不是清晰的、衔接的，整体感觉对，但是容易出现逻辑断层，这是需要避免的。

（2）语言逻辑。语言逻辑，就是语句通顺，符合语法和口头表达习惯，让人看见文字就能产生言犹在耳的感觉。

（3）视觉逻辑。视觉逻辑，就是各要素之间的空间布局是流畅的，比如从左至右排列，后者从上往下排列，不能左右跳跃、上下寻找，应该让人看见就能达到不言而喻，理应如此的效果。

案例

某公司供暖费收缴率情况汇报

某项目公司在供暖费收取标准上与供暖公司存在分歧，供暖公司认为应该收取 89 万，但该项目公司认为应该收取 29 万。

供暖费的收取标准比较复杂，需要区分已经出售未入伙的住宅、未出售仍控制的住宅、商铺、车库和公建面积部分。

由于项目公司领导正在外地出差，要求员工小王做好汇报材料发给他审阅，小王应该如何组织汇报材料呢？经过认真思考，小王决定在一页 A4 纸上清晰展现关键内容。具体展示如下：

项目公司与供暖公司供暖费收费差异汇报
一、项目公司意见：总共29万。
1. 对于未出售部分、已售未入伙的按照50%计算。
2. 对于已入伙未供热的部分，无论是项目公司自行关闭阀门还是供暖公司未供暖的，按照未供热的天数×20%计算。
3. 商铺部分同意供暖公司意见，按照50%计算的提议。
二、供暖公司意见：总共89万。
1. 对于未出售部分、已售未入伙部分均按照100%收取。

（续表）

2. 已入伙未供热部分也应该按照100%收取，在小区入住率较低的情况下，即使关闭空置房的供暖阀门，其空置房部分面积也会消耗正常供暖部分面积的热量；从成本角度讲，即使关闭空置房的供暖阀门，能源费并没有降低，所以供暖公司对于项目公司空置房面积按照供暖费的100%计算。

三、明细表金额　单位：元

业态	类型	面积（m²）	标准（元m²）	项目公司		供暖公司		差额
				比例	金额	比例	金额	
住宅	已售未入伙	8,765	27	50%	118,332	100%	236,664	−118,332
	未出售	709	27	50%	9,575	100%	19,151	−9,575
	已入伙未供热	8,939	27	50%	48,269	100%	241,343	−193,074
公建	未出售	1,465	27	50%	19,778	100%	39,556	−19,778
商铺	未出售	2,149	27	50%	43,514	100%	87,027	−43,514

（续表）

业态	类型	面积 (m²)	标准 (元/m²)	项目公司		供暖公司		差额
				比例	金额	比例	金额	
车库	已售未入伙	8,968	27	20%	48,427	100%	242,133	−193,707
	已入伙未供热	853	27	20%	4,606	100%	23,031	−18,425
合计		31,848	27	——	292,501	——	888,906	−596,405

五龙治水：如何搭建财务体系

原则

核算管理是基础，预算管理是窗口，

资产管理是保障，资金税务是命门。

释义

搭建财务体系是财务人员从单兵作战升级到团队作战的必备技能，从特种兵进阶到队长的核心素质之一。

在基层阶段，财务人员只需要个人能力强，管理好自己，保障自身工作有序、质量可靠。到了中层阶段，财务人员要从管理自己扩展到管理他人，从自我要求到要求他人，需要将自身经验显化于外。这个由内到外、由己及人的过程就是搭建财务体系的过程。

根据《现代汉语词典》的解释，体系是指若干有关事物或思想意识互相联系而构成的一个整体。从定义可以看出，体系需要具备两个方面的特征：整体性和关联性。整体性要求体系应该涵盖全体，没有遗漏；关联性要求体系的构成部分之间应该相互联系。

那么，搭建财务体系需要哪几个模块呢？从整体来看，主要可分为五个模块：核算管理、预算管理、资产管理、资金管理、税务管理。

1. 核算管理

核算管理是指使用借贷记账规则记录经济业务，按照业务部门申请收付资金。核算管理是财务体系的基础模块。

核算是财务人员的看家本领。财务本质上是信息收集系统，记录着企业过去的每一笔经济交易。核算人员是信息收集的第一道关口，核算的工作质量影响着整个信息系统的质量，所以核算是财务工作的核心。

2. 预算管理

预算管理是指制定量化的经营目标，监督经营过程，考核经营成果等工作。预算工作涉及收入成本指标的制定与考核，是业务部门除了报销以外最关心的事情，是预算人员向总经理、上级单位汇报的最频繁的事情，预算管理是财务部门与业务部门衔接的窗口。

3. 资产管理

资产管理是指对实物资产的管理，确保资产安全有序，保值增值。

通常，资产管理可能归于行政部、工程部、运营部等部门，但鉴于财务的职责在于财物的管理，既包括现金，也包括非现金资产，所以我认为也应该纳入财务工作范围，以保障资产保值增值。

4. 资金管理

资金管理主要包括融资、资金计划、收银等工作。

对于企业来说，资金是企业的命脉。融资失败轻则影响企业扩大规模，重则使企业纳入银行征信黑名单，甚至陷入破产；资金计划安排不当，对于资金充裕的公司来说倒无所谓，对于准备过冬的公司来说，可能导致命悬一线。对于个人来说，因个人失误导致的收银短款也是难以原谅的工作失误。

5. 税务管理

税务管理主要包括纳税额的计算、申报，发票的开具、认证、纳税筹划等工作。

依法纳税是每个公民应尽的义务。随着国家信用体系的建设，金税三期的上线，税收违法成本也越来越高，税务工作无小事。

上述五项工作中，资金和税务这两项工作性质特殊，与核算、预算、资产全然不同。核算、预算、资产是对内工作，犯错之后往往可以在内部改正，如果不是上市公司，不会造成致命的影响，不会过于致命。而资金和税务则是对外工作，资金工作出现纰漏可能导致企业留下不良信用记录，税务工作出现纰漏可能导致企业承受法律风险，最终导致企业承受经营风险。

💡 方法

搭建财务体系的方法很简单，就是贯彻"四化"：制度化、流程化、表格化、信息化。这四个方面代表着财务体系搭建的四个阶段。

1. 管理制度化

管理制度化，即将管理要求从口头走向书面，把管理要求诉诸纸面，固化常规管理原则、操作标准。制度化是管理走向正规的开始。

2. 制度流程化

制度流程化即从定向走向定量，从笼统走向准确，制定工作流程，规范工作程序、责任人和完成标准。

3. 流程表格化

表格是对事物规律深度挖掘后的结构化呈现，是流程、标准、内容的提炼与整合，流程表格化即管理从零散走向结构。

4. 表格信息化

表格信息化即从手动走向自动，使用信息技术执行工作程序、贯彻工作要求，是管理高度标准化的极致体现。

💡 案例

某影视公司财务体系搭建方案

某影视公司每年会购买大量剧本，同时生产数十部影片，影片制作周期在 1 至 2 年之间，上映时间在杀青后的 6 至 12 个月。

每部影片合同的基本条款包括投资总额、投资份额、宣发费总额、宣发费代垫方式、代理费率、代理费率分配方式、付款进度等。每部影片均需要与投资方、承制方、发行方单独商议，合同条款存在极大差异，同一个项目的同一合同条款不断变化，后续合同不断地补充、替换前期合同。

一、公司财务管理存在的问题

目前该公司财务管理存在的问题有以下两个。

1. 核算资料未按项目管理

项目制作计划、收益测算表、合同台账、存货台账、宣发费台账、制作费台账、收益分配表、结算表分散在不同人手中。

2. 核算精细度有待提高

影片辅助字段登记不完整，客商登记不完整，制作费用、宣发费用二级科目不统一，预付账款、生产成本、库存商品没有按照项目类别、支出类别设置明细科目等。

二、改进思路

1. 项目管理

以项目为单位，实施从立项、筹备、拍摄、下映、结算的全周期管理，实现从项目制作、收益测算、资金计划、合同文本的立体式管理。

2. 核算管理

以项目为单位，实现业务术语、会计科目、核算规则、凭证摘要、辅助字段的标准化管理，实现由业务推动的被动式管理到推动业务的主动式管理，实现从 ORACLE 自动取数并展示的自动化管理。

3. 预算管理

由数据登记升级至数据分析，由零散存储转向数据库存储；制定费用支出标准，由记录业务转向管理业务；实时追踪业务进展，由汇报推动的被动式管理转向推动业务的主动式管理。

三、具体任务

信息化以前的工作一个月内完成，信息化后的工作三个月内完成。

1. 项目管理

事项	说明	完成时间	责任人
项目重新编号	将公司成立至今所有的项目进行编号，采用"类别编码+三位自然数"的方式，连续编号，不得删除	7月30日	张三
统一影片名称	有名称变更的，记录曾用名	7月30日	张三
按项目归类合同扫描件	建立并上传至网盘，业务部门和财务部门共享	7月30日	张三
按项目归类合同原件	重新胶装或活页装订，附合同清单，统一档案盒侧封格式	8月6日	张三

（续表）

事项	说明	完成时间	责任人
重新设置项目明细账	项目明细账设置8张表，包括项目概况、业务计划、收益测算、资金计划、制作费用、宣发费用、合同列表、发票情况	8月13日	张三
设计项目总账	统计所有项目的状态和计划，计划数取自项目明细账，实际数取自ORACLE	8月20日	张三
上线项目管理系统	实现项目进度督办、效益对比、资金计划、合同管理功能，由业务部门填写计划数，从ORACLE中自动提取实际数	11月15日	张三

2. 核算管理

事项	要求	完成时间	责任人
统一业务术语	统一产品类型、投资类型、结算表名称等一系列业务称谓，形成数据字典	8月13日	张三
重新梳理科目	取消无意义的二级科目，细化笼统的二级科目，修改错误的科目，完善辅助账	8月20日	张三
制作费用科目标准化	统一称谓、编号	8月6日	张三

（续表）

事项	要求	完成时间	责任人
宣发费用科目标准化	统一称谓、编号	8月6日	李四
重新设置核算规则	事件、时间、文件、借方、贷方	8月13日	张三
编制核算手册	要简单实用，不写会计准则中已有的	8月20日	张三
清理账务	按照新科目、摘要、规则清理账务	9月15日	张三
信息化	实时提取数据，图形化、多维度展示	11月15日	张三

3. 预算管理

事项	说明	完成时间	责任人
制定宣发费标准	统计所有宣发数据，建立数据库，横向对比，预算与实际对比，制定支出标准	8月13日	李四
制定制作费标准	统计所有制作数据，建立数据库，横向对比，预算与实际对比，制定支出标准	8月20日	张三
整理预算模板	固化、美化、公式化模板	8月31日	王五

核算管理：如何建立核算管理体系

原则

合规性、标准化、高效率。

释义

我认为，在实践中，核算工作最重要的是要做到三点：合规性、标准化和高效率。合规性是为了企业经营安全和个人职业安全，标准化是为了保持财务内务的高质量，高效率是为了取得外部业务部门的支持。

1. 合规性

合规性是基础要求。核算税务工作的依据是会计法、企业会计准则等法律法规。企业内部管理制度等文件，本质上是对规则的遵从。合规性是第一要求，不合规轻则导致数据口径错误，重则涉嫌违法犯罪，威胁企业和个人安全。

财务法规体系主要包括会计法、企业财务通则、企业会计制度、企业会计准则、会计准则解释、内控制度、审计准则和其他政策。

财务人员要经常关注财政部会计准则委员会网站（www.casc.org.cn）、中国注册会计师协会网站（www.cicpa.org.cn），随时了解学习最新的政策，不断更新知识储备。

2. 标准化

标准化是要求财务人员在职责分工、工作流程、工作标准等方面形成相对固定的规范，比如标准化的科目设置、职责分工、核算流程、稽核标准等。做好标准化工作，对内有利于团队成长，便于新入职员工迅速上岗，老员工顺利轮岗；对外有利于展示财务工作成果，塑造质量可靠、做事有方的形象。标准化的要求在合规性和高效率之间具有承上启下的作用，一方面有利于促进合规性，另一方面也是走向高效率的必然步骤。

3. 高效率

高效率是业务部门最关心的，财务工作最基本的属性是服务。一般来说，业务部门不太关心核算得合不合规，也不太关心财务部门内部的工作质量，他们只关心四件事：一是报销效率高不高，二是财务有没有钱支持业务开展，三是业绩指标的完成情况，四是财务制度会不会阻碍他们的工作。

效率高不高是核算需要解决的问题，有没有钱是资金工作需要解决的问题，业绩指标完成情况是预算需要解决的问题，制度会不会阻碍他们的工作是高层管理者博弈平衡的问题。

提高效率最关键的一招还是信息化。信息化是对工作标准的固化和升华，既可以提高工作水平，又可以促进部门协作。

信息化往大了说可以是 ERP 系统，往小了说可以是一个小小的票据打印软件。具体实施什么规模的软件，并没有一定之规，往往需要结合企业的需要、财力、发展阶段等外部因素。财务人员自己需要做的首先是树立信息化的意识，其次是在外部条件允许的情况下践行信息化的理念。

💡 方法

要实现合规性、标准化、高效率的核算目标，一般需要经历以下七个步骤。

第一步：梳理业务

罗列企业所有涉及货币资金或者会使企业承担经济义务的业务，设想未来可能会开展的业务，组织机构是如何设立的，各部门是如何开展业务、做出决策、结束工作的，分析可能出现的风险，思考如何核算、需要多少人核算、如何管控过程以及如何评价结果等问题。

第二步：制定核算规则

制定核算规则的核心是制定《会计科目表》和《核算规则表》。

《会计科目表》是从会计科目的角度看事件，《核算规则表》是从事件的角度看会计科目。

事件来自第一步中梳理出的业务，事件的发生触发财务记账，是会计确认、计量、报告的动因。

这两张表殊途同归，从《会计科目表》的角度，我们审查科目设置的合理性，是否冗余，是否仍在使用；从《核算规则表》的角度，我们可以审查所有的事件是否都得到了恰当的处理。

《会计科目表》包括科目名称、事件两个字段。设置科目时需要注意以下四点。

（1）所有的科目都必须列出，防止有科目无业务的情形。

（2）列出最末级的科目。

（3）所有的科目都必须有用处，无用的要及时停用。

（4）所有的科目都不得设置"其他"明细科目，避免该科目变成一口锅，什么都往里面搁。

会计科目表

序号	科目名称	事件

《核算规则表》包括事件、借方、贷方、附件、审核要点五个字段。

（1）事件，即触发财务记账的经济行为。

（2）借方，即描述该事件发生时应使用的借方科目。

（3）贷方，即描述该事件发生时应使用的贷方科目。

（4）附件，即描述财务记账时应具备的原始资料，比如发票、入库单等。

（5）审核要点，即描述财务在记账时应注意的关键点，比如附件是否齐全、金额是否正确、审批流程是否正确等。

核算规则表

序号	事件	借方	贷方	附件	审核要点

第三步：梳理表单

常见的表单有提款单、业务招待费申请单、出差申请单、差旅费报销单、借款单、付款审批单。

（1）提款单用于同一公司内不同账号间调款的审批。

（2）业务招待费申请单用于招待业务的事前审批。

（3）出差申请单用于出差事项的事前审批。

（4）差旅费报销单用于出差结束后交通、食宿等费用的报销。

（5）借款单用于员工以个人身份处理公司事务，需要垫资时的审批。

（6）付款申请单用于其他各类付款的审批，比如合同款结算、税金缴纳等。

第四步：梳理财务审批流程

财务审批流程主要有付款类、资金类、资产类、提供信息类等四类。

（1）对于付款类，根据事情的性质可采取简化审批、加强审批、一般审批等三种方式。比如，支付税金等每月金额较为稳定且必需的事项，可以采取简化审批，扩大审批权限跨度或者调低最终审批人职级；支付罚款违约金等需要追究责任的事项需要采取强化审批的方式，降低审批权限跨度或者提高最终审批人职级；其他的可以采取一般审批方式。

（2）资金类包括融资计划、融资方案、融资合同、资金调拨等事项。

（3）资产类包括固定资产的购置、维修、处理等重大支出，和核销坏账准备等特殊事项。

（4）提供信息类包括整张表的借阅、对外提供财务数据等事项。

财务事项审批流程

序号	审批事项	审批权限	最终审批人	审批流程	说明

第五步：设置核算岗位

设置核算岗位时最重要的是遵循两大原则：不相容岗位相分离，切忌人浮于事。不相容岗位不分离将导致内控风险，人浮于事将导致团队作风涣散，效率低下，此二者都是团队管理的大忌。

核算通常包括出纳、会计、经理三类岗位。

出纳负责收付款，会计负责核算记账，经理负责统筹管理。

企业往往会设置一名出纳和一名核算经理，不存在多个出纳和多个核算经理之间岗位分工的问题，分工比较复杂的是会计岗位。

会计岗位一般分为材料会计、固定资产会计、工资会计、费用会计、税务会计、成本会计、收入会计、总账会计等。

一般来说，材料会计负责原材料核算、付款审核、盘点，固定资产会计负责固定资产核算、付款审核、盘点；工资会计负责工资核算、付款审核；费用会计负责费用核算、报销；税务会计负责纳税申报、发票认证、开具、领购等；成本会计则负责归集生产成本，核算半成品、产成品成本；收入会计负责主营业务收入、成本、回款核算；总账会计负责复核、协调各岗位工作，出具报表。

表面上看上述岗位以科目进行命名，似乎是按照科目分工负责的，其实背后最核心的原则是方便财务部与其他部门的对接。

现代企业一般按照业务分工设立部门，一个部门就负责一类业务。虽然财务处理的是数据，但数据来源于业务，业务由人经办，财务是通过人获取业务信息，先接触人，再接触信息。财务岗位的设置首先也要考虑如何顺畅、利索地与各部门人员对接，进而高效地获取信息，反馈对信息的意见，追踪意见落实。

比如材料会计对口采购部，固定资产会计对口工程部，工资会计对口人力资源部，费用会计对口职能部门，成本会计对口生产部门，收入会计对口销售部门。

在此基础上可以进一步根据工作量、难易程度、本公司个性化的部门设置，合并、分立若干岗位，兼顾各岗位工作的相对独立性和相互衔接性。

第六步：编制核算管理手册

核算管理手册是以书面形式总结前期工作经验，通常包括团队管理、核算管理、基础工作三方面的内容。

（1）团队管理

团队管理的目的在于让财务部人员了解到公司和各部门的概况，明确岗位要求、职业发展路径。团队管理的内容包括公司组织架构、部门职责、财务部岗位设置、岗位职责；财务人员的招聘标准、调职调薪规则、考核机制、离职交接规范、培训管理等方面。

（2）核算管理

核算管理是关于如何做好账务处理、内部控制、报表编制的技术性规范。核算管理的内容包括科目设置、业务分录、内控要点、结账要求、出具报表等方面。

（3）基础工作

基础工作部分的目的在于规范与财务工作相关的实物管理、财务实室、档案室、仓库等物理空间的现场管理。内容包括会计档案的归档、保管要求，印章管理，发票及收据管理，办公环境的管理。

第七步：信息化

与核算相关的信息化系统包括两类：财务记账系统，与财务相衔接的业务系统。

（1）财务记账系统

财务记账系统最著名的软件有三款：NC、Oracle、SAP。这三款软件各有优缺点，整体评价最高的是 SAP。

NC 起源于记账软件，后来逐渐发展成完整的 ERP 软件。其优点是界面形象，符合工作习惯，比如记账凭证界面模拟了手工账册的样貌；缺点是字段冗余、数据库运转效率不高，报表导出来的数据通常是文字格式，需要经过一番处理才能变成数字格式。

Oracle 界面很复杂，我曾经使用过海波龙的合并报表系统，在报表界面无法看到科目名称，只能看到科目编号。

SAP 最开始就是作为 ERP 系统出现，财务记账系统只是其中的一部分。其优点是界面简洁、实用，数据库运行效率高，缺点就是非常昂贵。比如在财务理论中，资产和费用的借方表示增加，贷方表示减少，负债和权益的贷方表示增加，借方表示减少，但在 SAP 中所有的借方都用正数表示，所有的贷方都用负数表示，只要所有科目的余额合计为零就意味着借贷平衡，巧妙地将借贷规则转化为统一的数学问题。

完整的 SAP 包括十二个模块：生产计划与控制（PP）、工厂维护（PM）、物料管理（MM）、资产管理（AM）、质量管理（QM）、销售与分销（SD）、财务会计（FI）、管理会计（CO）、项目管理（PS）、工作流程管理（WF）、工业方案（IS）、人力资源管理（HR）。其中常用的是生产计划与控制、物料管理、销售与分销、财务会计、管理会计。

财务会计模块包括总账、应收管理、应付管理、现金管理、固定资产管理。

管理会计模块包括利润中心、成本中心、成本要素、作业类型、内部订单等主数据的创建与维护、成本计划与预算、标准成本估算、月结等内容。对于工序复杂、原材料和产品规格众多、需要核算到订购单、采用成本加成定价方式制定售价的企业特别适用。

（2）与财务相关的业务系统

与财务相关的业务系统常见的有零售业的商品系统、餐饮业的餐饮系统、制造业的 MES 生产排程系统，它们的主要任务是记录、收集、传递业务信息至财务记账系统，可以实现自动记账。

案例

某能源企业 ERP 上线经历

ERP 的实施上线过程就是业务规范化、核算标准化的过程，最能体现核算工作的理想状态。

本案例以我曾经参与过的 A 公司 SAP 项目为例，展示从业务梳理到系统上线的全过程。

一、公司业务介绍

A公司是某集成电路集团下属的集动力源生产供应、工程设计及技术改造、维修服务、质量检测于一体的技术支撑保障企业，提供超纯氢气、氧气、氩气、氮气和压缩空气、蒸汽、空调、纯水等22种动力源，并对外提供工程设计、技术改造及项目管理、维修服务、质量检测。

公司设置了六个车间、三个部门。

（1）一车间：主营空调、压缩空气、真空、软化水、热水、冷冻水。

（2）二车间：主营电。

（3）三车间：主营自来水、RO水、纯水、超纯水与蒸汽。

（4）四车间：负责新区的动力源，包括天然气、水、蒸汽。

（5）气体车间：主营氢氧、氮氧。

（6）维修车间：提供故障维修及管线安装服务。

（7）市场与项目管理部：负责对外承接安装工程等业务。

（8）运行保障部：负责园区内水电气、空调等抄表与结算，以及园区内公司维修工程安装业务。

（9）采购部：负责所有的物资采购工作。

销售业务分别由气体车间、市场与项目管理部、运行保障部三个部门各自负责。

水电气等产品的销售价格是按既定的价格条款，空调等产品是按照固定价格。动力公司内部各车间之间本身存在产品交互使用的情况，按照固定计划价进行内部结转；维修车间对内提供维修服务的人工成本是按固定的工时单价结转，维修备件成本据实结算。

二、系统建设的目标

（1）建立整合的业务运营平台，集成与共享企业信息。

（2）优化业务流程，确保日常运作高效有序而且操作简便。

（3）提供真实、准确、及时的财务数据和管理报表，提高月结速度。

三、系统实施周期

08-01	08-10	10-31	12-10	1-1
项目准备	业务蓝图设计与原型演示	系统实现	最后准备	上线/支持
8.1–8.10	8.13–10.31	10.31–12.7	12.10–12.31	1.1–1.31
-项目组织	-系统概要培训	-用户培训	-最终用户培训	-正式上线
-实施计划	-业务需求调研	-系统测试	-切换方案	-系统支持
-启动大会	-业务蓝图设计	-报表开发	-数据准备	
	-系统原型演示			

阶段交付品				
-项目组织架构	-概要培训文档			
-概要工作计划	-会议纪要文档			
-启动大会文档	-业务流程清单			
	-蓝图设计文档			
	-原型演示文档			

四、系统整体方案

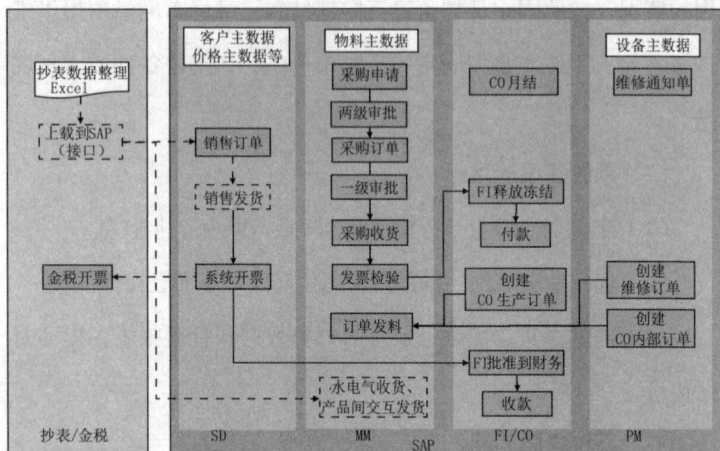

| 抄表/金税 | SD | MM | FI/CO | PM |

SAP

五、梳理业务主数据、审批流程、表单

1. 采购流程

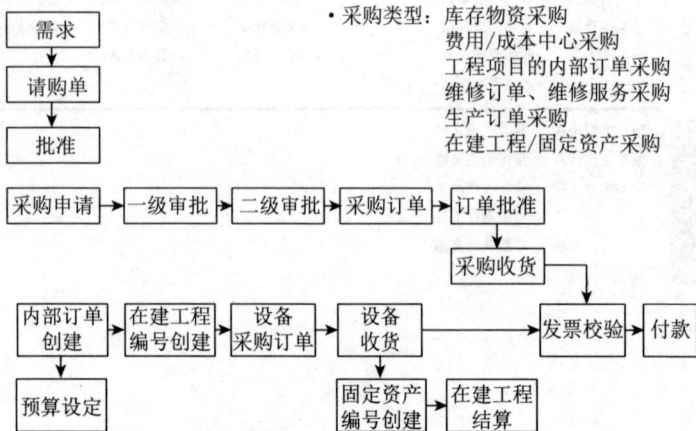

- 采购类型：库存物资采购
  - 费用/成本中心采购
  - 工程项目的内部订单采购
  - 维修订单、维修服务采购
  - 生产订单采购
  - 在建工程/固定资产采购

采购流程关键点：

（1）物料主数据涉及采购、销售、财务等相关数据，其正确性将直接影响业务处理，务必按照所设计流程进行维护并确保其正确性。

（2）对库存物资采购、费用类采购、资产类采购等区分标准要统一规范，不同采购业务要正确选择采购订单类型或费用报销方式来处理。

（3）要做到备品备件等库存物资实物移动与系统操作同步，确保实物与系统一致。

采购流程改善点：

（1）统一物料编码规则，实现物料主数据集中维护与共享使用。

（2）统一供应商主数据，从横向做到所有公司的统一，从纵向做到采购和财务的统一。

（3）将采购申请、采购订单、采购收货、发票校验、付款一系列业务无缝集成，提升流程管控与采购数据分析。

2. 销售流程

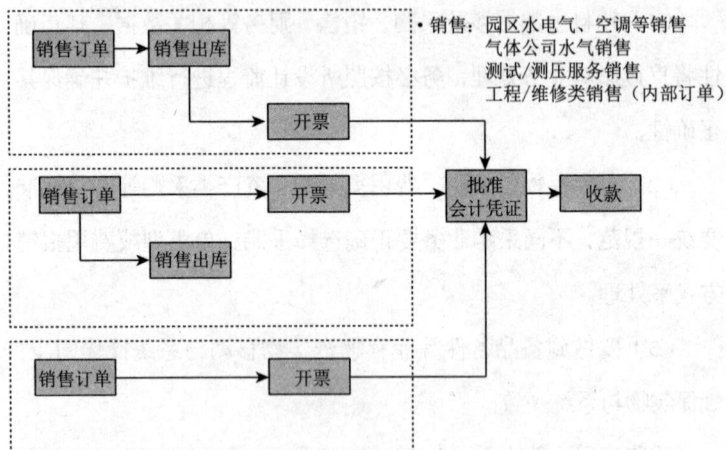

销售流程关键点：

（1）不同销售业务要选择与其相对应的销售订单类型。

（2）销售价格要在系统中正确维护，使接口程序自动创建销售订单并开票。

销售流程改善点：

（1）统一维护客户主数据，实现财务与业务部门客户信息与往来对账数据的一致。

（2）规范整个销售流程，将三个部门的销售业务都纳入系统管理，实时提供销售分析报表。

3. 维修流程

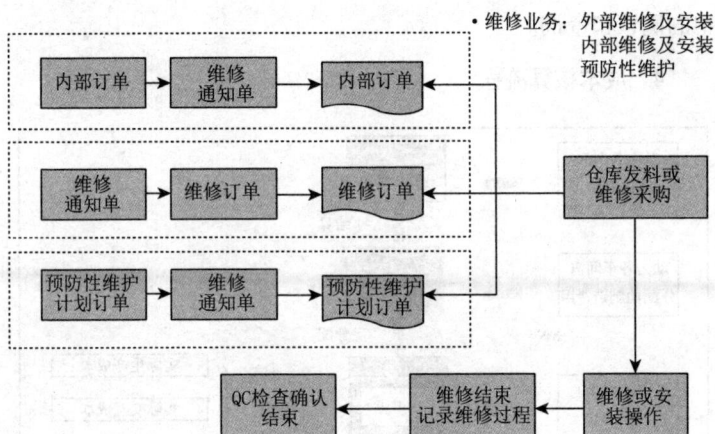

• 维修业务：外部维修及安装
　　　　　　内部维修及安装
　　　　　　预防性维护

维修流程关键点：

（1）系统的有效运作，需要以相应的管理制度为基础。

（2）系统操作相关人员较多，需要加强上线前的培训工作。同时，由于参加系统操作的人员较多，用户权限设计也是重点。

维修流程改善点：

（1）通过功能位置、设备、设备 BOM、分类／特性等技术对象，对设备进行结构化管理，为查询、维护提供方便。

（2）通过系统通知单取代原来维修业务中所需填写的报修单与维修记录单，使系统与业务紧密结合，能准确反映各部门间的响应时间，并提供对历史维修记录的结构化查询。

（3）提供了将维修费用按照设备、部门等多维度的分析方法。

（4）通过预防性维护计划订单，实现预防性维护业务在系统中的确认和查询。

4. 成本核算流程

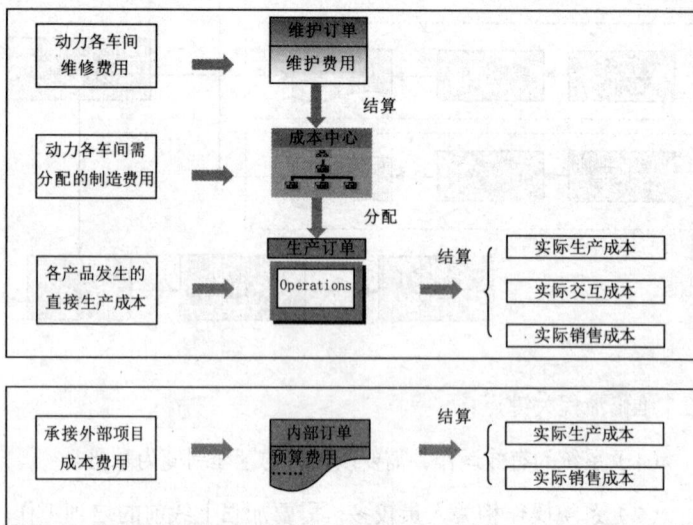

成本核算流程关键点：

（1）在月结前需要提前检查系统业务数据的一致性和准确性。

（2）月结时严格按照既定规则及顺序进行操作，以保证月结的顺利进行。

（3）财务数据与后勤紧密集成在一起，因此月结时需要各后勤业务部门的支持。

成本核算流程改善点：

（1）将不同的成本费用采用不同的成本对象进行归集，与各后勤模块紧密集成，实现对成本费用实时记录，不同的成本对象有明确的责任单位，有利于在过程中进行成本管控和分析。

（2）原来由于计划价与实际成本价产生的成本差异能追溯到每个产品，实现每个产品的实际成本核算，能真实地掌握每个产品的实际成本变动因素。

（3）各车间的收入成本率考核仍保持原计划价格，不受产品实际成本波动的影响，能客观独立地分析各自车间内部成本变化因素，并能将计划成本、考核成本、实际成本进行对比分析。

（4）成本费用按定义规则自动进行有序分配，按步骤统一由财务进行月结，提高月结速度。

六、系统上线后的效果

（1）从日常运营管理来看，规范了业务操作流程，并使采购、库存、销售及维修等业务处理与财务实时有效集成，提高工作效率。

（2）从数据一致性来看，统一了物料、客户、供应商等主数据，并对不同产品或业务采用相应核算对象进行管理，提高数据质量，并基于同一数据分析平台实现多维度分析。

（3）从财务管理角度看，促使财务成本核算与分配规则更加规范，提高成本及获利能力分析的质量与效率，财务月结速度将显著提高。

（4）从员工角度看，强化流程管理思维，促进其工作技能的提高和自身价值的提升。

七、编制系统操作手册

系统操作手册主要涉及三个模块，主要是财务会计模块、管理会计模块和物料管理模块。由于内容繁多，这里仅列出目录供读者参阅。

（一）财务会计模块操作手册

1. 财务会计业务蓝图

1.1. 总体设计

2. 总账业务蓝图

2.1. 总体设计

2.2. 总账科目维护流程

2.3. 总账凭证过账流程

2.4. 跨公司账务往来记账流程

2.5. 财务会计结账流程

3. 应收账款业务蓝图

3.1. 总体设计

3.2. 客户主记录维护流程

3.3. 客户发票／应收款项管理流程

3.4. 应收发票调整流程

3.5. 应收账款收款管理流程

3.6. 客户预收账款流程

3.7. 应收票据管理流程

3.8. 其他应收款管理流程

3.9. 应收账款节余退款管理流程

4. 应付账款业务蓝图

4.1. 总体设计

4.2. 供应商主记录维护流程

4.3. 供应商发票 / 应付款项管理流程

4.4. 应付发票调整流程

4.5. 应付账款付款流程

4.6. 支付票据管理流程

4.7. 供应商预付账款流程

4.8. 应付票据管理流程

4.9. 其他应付款管理流程

4.10. 工程尾款处理流程

4.11. 应付账款节余退款流程

5. 固定资产业务蓝图

5.1. 总体设计

5.2. 固定资产主记录维护流程

5.3. 固定资产预付定金流程

5.4. 固定资产——一般零星类资产的采购与购置流程

5.5. 固定资产——在建工程（用结算型内部订单）流程

5.6. 固定资产——在建工程（用统计型内部订单）流程

5.7. 固定资产折旧流程

5.8. 固定资产转移流程

5.9. 固定资产清理流程

6. 现金管理业务蓝图

6.1. 总体设计

6.2. 银行账户维护流程

6.3. 银行账户余额与明细报告流程

6.4. 银行对账流程

6.5. 流动性预测流程

（二）管理会计模块操作手册

1. 管理会计业务蓝图

1.1. 总体设计

2. 利润中心与成本中心主数据维护流程

2.1. 利润中心主数据维护流程

2.2. 成本中心主数据维护流程

2.3. 初级成本要素维护流程

2.4. 关键统计指标维护流程

3. 内部订单维护流程

3.1. 内部订单维护流程（在建工程订单）

3.2. 内部订单维护流程（费用控制订单）

3.3. 内部订单维护流程（外包项目订单）

3.4. 内部订单维护流程（维修工程订单）

4. 成本中心计划维护流程

4.1. 成本中心计划维护流程

5. CO 生产订单维护流程

5.1. CO 生产订单维护流程

6. 月结流程

6.1. 成本中心月结流程（账期控制）

6.2. 成本中心月结流程（分配循环）

6.3. 内部订单结算流程

6.4. 生产订单结算流程

6.5. 实际成本计算（物料账）流程

（三）物料管理模块操作手册

1. 物料管理业务蓝图

1.1. 总体设计

2. 主数据维护蓝图

2.1. 物料主数据维护

2.2. 供应商主数据维护

2.3. 采购信息记录维护

3. 采购作业蓝图

3.1. 库存物资采购

3.2. 费用类采购

3.3. 固定资产／在建工程采购

预算管理：如何建立预算管理体系

原则

指标、考核、模板。

释义

预算工作的重要性不言而喻，凡事预则立，不预则废。预算主要有规划经营目标、监督经营过程和考核经营成果三大功能。完善的预算管理体系，可以挖掘企业的经营潜力，合理调配资源，妥善应对经营意外，成就企业的稳定增长。

预算是一种综合性的企业管理方法，既是财务工作的龙头，也是经营管理的抓手，是为经营保驾护航的重要手段。

在实践中，全面预算管理体系最核心的不过三个方面：指标、考核、模板。指标就是指挥棒，考核什么指标，业务部门就重视什么指标。

预算承载着营销、销售等部门的收入指标，规定着生产部门、职能部门的支出额度。严肃的预算不是数字游戏，每一个数字都代表着经济利益。收入指标关系着销售部门的奖金，多了，完不成指标，影响积极性；少了，造成人浮于事，不利于公司利益最大化。支出指标关系着生产、运营、职能部门工作能否顺利开展，多了造成浪费，少了又难以达到期望的工作品质。

考核方案牵动着全员的神经，能否拿到奖金，能拿到多少奖金，奖金如何分配，何时发放，上至总经理，下至一线员工，无不关心瞩目。

至于模板，则是技术层面的核心，模板体现了工作思路、承载了编制要求、暗含了职责分工。

考核什么指标主要是看管理层的倾向，制定考核方案的责任主要在人事部门，而制定模板的责任主要在财务部门，高质量的模板就代表预算成功了一半。

指标、考核、模板统统指向各部门的经济利益。经济利益最关键的在于平衡：目标理想与现实能力之间的平衡，不同部门之间的平衡。利益平衡来自良好的判断力，深入挖掘数据影响因素、判断合理性，预估全年指标的完成情况，判断完成的可能性。良好的判断力依赖于信息的数量和质量，预算人员不能仅仅懂得核算，更要紧的是懂得公司业务，深入业务现场，了解实际的运作过程和资源调配。如果能了解行业状况，建立分析框架那就更理想了。这时的预算人员也就不是统计员，而是管理者了。财务预算人员在这个过程中，也变成了与上级单位联系最密切的人员，经常参与预算审批、PPT汇报、Eexcel数据统计、财务分析、接受电话问询等工作，自己的工作水平就代表了部门形象。

方法

一、指标选择问题

指标就是目标，是相关人员为之奋斗的方向；指标就是主线，引导着企业的发展路径。

在实践中，不同发展阶段、不同行业的企业选取的指标不同。比如，零售企业比较重视的是存货周转率，制造业比较重视的是毛利率、资产回报率，商业管理企业重视的是租金收入、租金收缴率、物业费收缴率，房地产企业重视的是签约额、回款额、入伙额、贷款额，互联网重视的是用户规模、月活人数，主题乐园行业重视的是客流量、票价。

无论选取什么指标，无论是财务指标还是非财务指标，无论是标准指标，还是自创指标，都应该兼顾安全和效益两大原则。

企业发展首先要保障安全，其次要促进企业效益最大化。恰当的指标体系能促进企业的健康发展，不恰当的指标体系有可能导致企业陷入险地。

有的企业只重视收入指标、净利润指标，优点是简单，缺点是忽略了资产收益水平，现金流是否健康，有可能造成盲目扩大资产规模，冲高收入规模，造成资产收益水平低下，甚至资金断裂。

有的企业只重视现金流指标，只要资金转得动，就不断扩大资产和负债规模，有可能造成有规模无利润，最终产生流动性危机。

比较综合的指标有两个：净资产收益率和经济附加值。

净资产收益率（ROE，Return on Equity），可以分解为销售利润率、资产周转率和杠杆乘数三个指标，可以全面反映企业的盈利能力、资产运营效率和负债水平。追踪ROE分解指标的水平和走势，可以有效鉴别企业特质和发展趋势，规避潜在风险。就连股神巴菲特也说："如果非要我用一个指标进行选股，我会选择ROE，那些ROE能常年持续稳定在20%以上的公司都是好公司，投资者应当考虑买入。"

经济附加值（EVA，Economic Value Added），又称经济利润、经济增加值，是一定时期的企业税后营业净利润（NOPAT）与投入资本的资金成本的差额。

EVA＝税后净营业利润－（加权平均资本成本 × 投资资本总额）

EVA是基于税后营业净利润和产生这些利润所需资本投入总成本的一种企业绩效财务评价方法。公司每年创造的EVA等于税后净营业利润与全部资本成本之间的差额。

EVA考核改变了会计报表没有全面考虑资本成本的缺陷，它可以帮助管理者明确了解公司的运营情况，从而向管理者提出更高的要求。

《财富》杂志高级编辑曾著书说："EVA 是现代管理公司的一场革命，EVA 不仅仅是一个高质量的业绩指标，它还是一个全面财务管理的架构，也是一种经理人薪酬的奖励机制，它可以影响一个公司从董事会到基层上上下下的所有决策，EVA 可以改变一个公司的文化。"

💡 小资料

中央企业负责人经营业绩考核办法（节选）

国务院国有资产监督管理委员会令第 40 号

第十一条　根据国有资本的战略定位和发展目标，结合企业实际，对不同功能和类别的企业，突出不同考核重点，合理设置经营业绩考核指标及权重，确定差异化考核标准，实施分类考核。

第十二条　对主业处于充分竞争行业和领域的商业类企业，以增强国有经济活力、放大国有资本功能、实现国有资本保值增值为导向，重点考核企业经济效益、资本回报水平和市场竞争能力，引导企业优化资本布局，提高资本运营效率，提升价值创造能力。

第十三条　对主业处于关系国家安全、国民经济命脉的重要行业和关键领域、主要承担重大专项任务的商业类企业，以支持企业可持续发展和服务国家战略为导向，在保证合理回报和国有资本保值增值的基础上，加强对服务国家战略、保障国家安全和国民经济运行、发展前瞻性战略性产业情况的考核。

适度降低经济效益指标和国有资本保值增值率指标考核权重，合理确定经济增加值指标的资本成本率。承担国家安全、行业共性技术或国家重大专项任务完成情况较差的企业，无特殊客观原因的，在业绩考核中予以扣分或降级处理。

第十四条　对公益类企业，以支持企业更好地保障民生、服务社会、提供公共产品和服务为导向，坚持经济效益和社会效益相结合，把社会效益放在首位，重点考核产品服务质量、成本控制、营运效率和保障能力。根据不同企业特点，有区别地将经济增加值和国有资本保值增值率指标纳入年度和任期考核，适当降低考核权重和回报要求。对社会效益指标引入第三方评价，评价结果较差的企业，根据具体情况，在业绩考核中予以扣分或降级处理。

第十五条　对国有资本投资、运营公司，加强落实国有资本布局和结构优化目标、提升国有资本运营效率以及国有资本保值增值等情况的考核。

第十六条　对科技进步要求高的企业，重点关注自主创新能力的提升，加强研发投入、科技成果产出和转化等指标的考核。在计算经济效益指标时，可将研发投入视同利润加回。

第十七条　对结构调整任务重的企业，重点关注供给侧结构性改革、主业转型升级、新产业新业态新模式发展，加强相关任务阶段性成果的考核。

第十八条　对国际化经营要求高的企业，加强国际资源配置能力、国际化经营水平等指标的考核。

第十九条 对资产负债水平较高的企业，加强资产负债率、经营性现金流、资本成本率等指标的考核。

第二十条 对节能环保重点类和关注类企业，加强反映企业行业特点的综合性能耗、主要污染物排放等指标的考核。

第二十一条 对具备条件的企业，运用国际对标行业对标，确定短板指标纳入年度或任期考核。

无论选取了哪一项指标，常常听到相关人员说"我又不是神仙，怎么知道未来是什么样子"。这就涉及一个常见的分歧，预算是不是在预测未来？

预算不是在预测未来，预算不过是一种设定未来目标并进行动态控制的管理方法，是对企业的整体经营活动做出的一系列量化安排，是管理监控经营过程的基准和参照，也是年终进行绩效考核的重要依据。

从一定程度上来说，未来也是不可测的，预算目标的达成，更多的是全体员工主动追求的结果，而不是因为当初预算目标设定准确。

二、考核问题

预算考核要注意以下三个原则。

1. 严肃性

预算指标的设定和考核必须具备严肃性。实际中有公司不重视预算，考核指标不严肃，可以随意更改，根本原因还是在于高层不重视。认知来源于环境，环境塑造着认知，高层不重视，中层和基层自然也就上行下效。

2. 有经济后果

考核结果必须与奖金、晋级挂钩，没有经济后果，空谈理论上的正确性、道义上的正当性，短期可以，长期则是枉然。

3. 逐级考核

对于设有总部、区域、地方等多个层级的单位，应该根据分级分权管理原则，按照责权划分，实施逐级考核，即总部考核区域、区域考核单店、单店考核各业务部门。

没有考核权就没有管理权，如果上级不能直接对下级考核，则层级管理就形同虚设，下级必然不能全然服务上级的指示，不仅浪费了人员设置，还降低了工作效率。

三、模板问题

预算模板应该包括两个方面：商业计划、财务预算。

商业计划是企业战略规划与执行、筹资、融资等一切经营活动的蓝图与指南，是企业的行动纲领和执行方案。

商业计划一般包括业务回顾与竞争对手分析、阶段性战略目标、经营计划、资本性支出计划、人力资源规划、信息化规划等。

财务预算是指在预算期内有关现金收支、经营成果和财务状况的各项预算。具体为预测的资产负债表、损益表和现金流量表。

商业计划是财务预算的基础。合格的预算不只是财务预算，更不是财务部门的预算，真正的预算管理需要企业各部门、各层级共同参与、协同作战，要以商业计划为核心，以商业计划的编制、执行、考核为主线，以财务预算和资金计划为重点约束条件，纵向延伸至业务一线，横向拓展至业务全局，调动各部门全程监控业务计划的执行进度，事前控制、主动控制、全员控制，最终实现全年经营管理目标。合格的预算管理一定是全面的预算管理，不全面的预算管理就不是合格的预算管理。

商业计划和财务预算的衔接

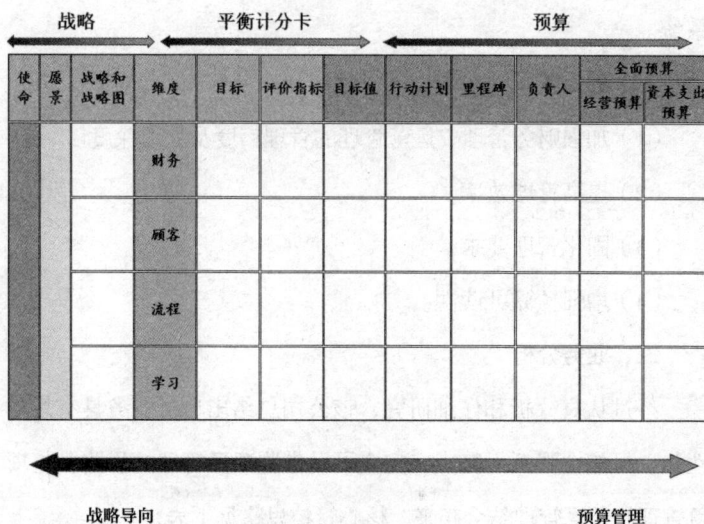

战略			平衡计分卡				预算				
使命	愿景	战略和战略图	维度	目标	评价指标	目标值	行动计划	里程碑	负责人	全面预算	
										经营预算	资本支出预算
			财务								
			顾客								
			流程								
			学习								

战略导向　　　　　　　　　　　　　　　　　　　　预算管理

💡 案例

某商业企业预算管理系统实施经历

某公司为商业广场管理企业，主要涉及物业管理、招商营运、维修绿化、保安保洁、代收能源费、宣传企划等业务。

该公司长期以来利用 Excel 编制预算，存在数据准确性差、汇总时间长，大量人工参与，数据版本控制工作量大，难以多维度查询分析，预算数据分析的细度不高，考核不够及时、不够精确等诸多问题。为解决上述问题，管理层决定实施全面预算管理系统。

一、期望效果

（1）加强财务管理、运营管理的管理广度及管理深度。

（2）提高管理效率。

（3）固化管理要求。

（4）增强预算可读性。

二、业务分析

经过认真分析和仔细研究，该公司总结出自身业务具有规律性强、可控性强两大特点，完全可以借鉴项目管理的思路，将项目管理和预算管理结合起来。核心管控思路见下表。

编号	业务事项	计划时间		实际时间		提交成果	负责人	账务预算				资金计划			
		开始	完成	开始	完成			科目	计划	实际	差额	科目	计划	实际	差额
001															
002															
… …															

1. 业务事项

各广场经营和管理目标需要分解落实到具体的业务事项中。事项分为三级：一级业务事项为净利润指标，二级为 11 大收支业务，三级业务事项为实现每个收支业务指标而应进行的业务活动。

2. 计划时间和实际时间

用于进度监控，通过比较当前时间和计划开始时间进行事前控制，通过比较当前时间和计划完成时间进行事中控制，通过比较实际时间和计划时间进行事后考核。

3. 提交成果

用于质量控制，每个业务事项均规定应提交的成果，并制定出完成标准。

4. 负责人

用于明确责任主体和考核主体，可分为直接责任人、督办责任人、关注人，信息化后即可形成审批流程链条。

5. 财务预算

科目对应利润表项目，计划为该业务事项和对应科目的计划数，所有事项汇总数即为净利润指标，实际数为该业务事项和对应科目的实际发生数，所有事项的汇总数即为净利润实际数，实际数减计划数就是差额。净利润指标差额应大于 0，如果小于 0 则需要上报总部审批。二级事项和三级事项出现差额时，根据不同业务的管控力度，赋予区域和单店适当的计划调整权限。

6. 资金计划

科目对应现金流量表项目，计划、实际和差额的含义与财务预算类似。

如工程维保业务具有规律性强的特点，可以根据工具设备使用情况，提前锁定维保计划，包括维保时间、维保项目、维保周期、维保频次、责任人、维保金额等信息。

如企划活动具有可控性强的特点，可以根据年度经营策略制定年度节假日企划方案，并上线营运模块化系统进行信息化管控。

三、考核方案

考核方案包括考核指标、考核周期、考核标准、扣分标准、责任人等方面。

考核指标包括计划完成率和预算偏差率。考核周期为月度预警、季度考核。针对 11 类业务的特点分别设定考核标准，如物管费收入，月度计划完成率＜98% 亮黄灯，季度计划完成率＜98%

亮红灯，月度预算偏差率＞2% 亮黄灯，季度预算偏差率＞2%
亮红灯。警示灯对应的扣分标准、考核得分与年终奖折算系数见
下表。

亮灯	直接责任人	督办责任人
红灯	3分	2分
黄灯	3分	2分

等级	考核得分	考核系数
一级	91~100	0.9
二级	81~90	0.8
三级	71~80	0.7
四级	0~60	0.6

四、系统对接方案

预算系统需要与业务管控系统对接，完成数据交互，其中包
括 OA 系统、资产租赁系统、绿建管理系统、模块化系统、EHR
系统、合同管理系统、NC 系统、久其报表系统等 8 大系统。

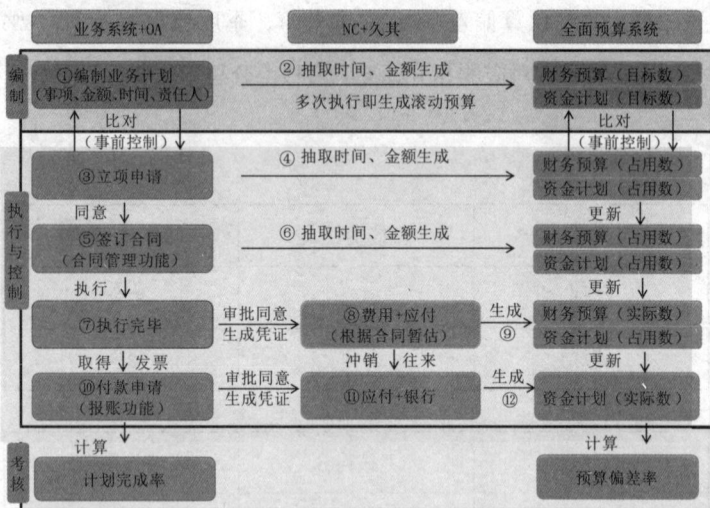

| 业务系统+OA | NC+久其 | 全面预算系统 |

编制
①编制业务计划
(事项、金额、时间、责任人)　　②抽取时间、金额生成　　财务预算（目标数）
资金计划（目标数）
多次执行即生成滚动预算
比对　　　　　　　　　　　　　　　　　　　　比对
（事前控制）　　　　　　　　　　　　　　　　（事前控制）

执行与控制
③立项申请　　　④抽取时间、金额生成　　财务预算（占用数）
资金计划（占用数）
同意　　　　　　　　　　　　　　　　更新
⑤签订合同
(合同管理功能)　　⑥抽取时间、金额生成　　财务预算（占用数）
资金计划（占用数）
执行　　　　　　　　　　　　　　　　更新
⑦执行完毕　　审批同意　　⑧费用+应付　　生成　　财务预算（实际数）
生成凭证　　(根据合同暂估)　　⑨　　资金计划（占用数）
取得　发票　　　　　冲销　往来　　　　　　更新
⑩付款申请　　审批同意　　⑪应付+银行　　生成　　资金计划（实际数）
(报账功能)　　生成凭证　　　　　　　　⑫
计算　　　　　　　　　　　　　　　　计算

考核
计划完成率　　　　　　　　　　　　　预算偏差率

五、系统实施时间表

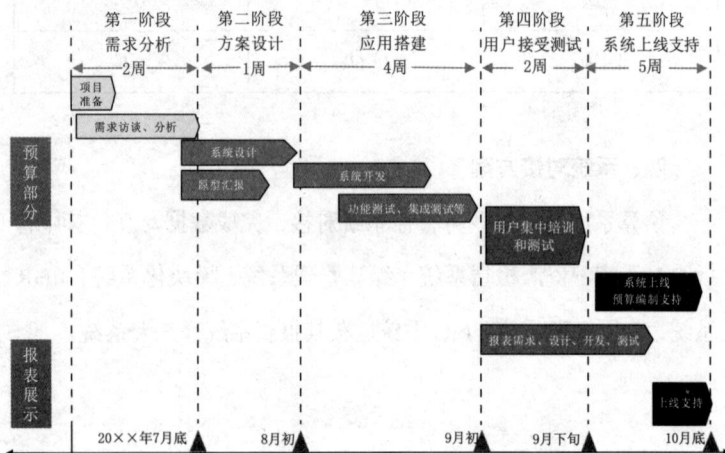

| | 第一阶段
需求分析 | 第二阶段
方案设计 | 第三阶段
应用搭建 | 第四阶段
用户接受测试 | 第五阶段
系统上线支持 |
| | 2周 | 1周 | 4周 | 2周 | 5周 |

项目准备
需求访谈、分析

预算部分
系统设计
原型汇报
系统开发
功能测试、集成测试等
用户集中培训和测试
系统上线
预算编制支持

报表展示
报表需求、设计、开发、测试
上线支持

20××年7月底　　8月初　　9月初　　9月下旬　　10月底

资金管理：如何建立资金管理体系

原则

收支程序合规，余额充足合理。

释义

资金工作无小事。资金工作的性质与核算、预算、资产管理的性质不同，核算、预算、资产管理出现纰漏往往可以改正补救，一般不至于造成严重的经济后果和恶劣的声誉影响；但是资金工作不同，多付一分钱，对企业都是实实在在的损失，对财务人员的声誉就是极大的损害，必须慎之又慎。

资金管理工作的核心原则就是收支程序合规，余额充足合理。

做资金工作，首先要管住过程，严格规范和执行资金收支程序，应收的款项要做到应收尽收、收款准确、回款及时、收款安全，应付的款项做到符合预算、审批流程合规、金额准确、依据充分、支付安全。

其次要盯紧余额：一方面要坚决杜绝出现资金缺口，必须保障贷款本息、税款、工资社保等刚性支出及时足额支付；另一方面在保障资金合理满足经营需要的基础上，对多余资金提出理财投资建议，提高资金使用效益。

💡 方法

建立资金管理体系有一个简单的思路，就是沿着现金流量表的分类，逐项制定管理规则。

在现金流量表中，资金分为经营性收支、投资性收支、融资性收支三类，最后还有现金余额。下面我们逐一说明相关的配套制度和管理要点。

一、经营性收支管理

经营性收支也就是企业从事生产经营活动产生资金流入和流出，包括销售产品和服务收到的现金，购买商品和服务支付的现金，支付的职工薪酬、税费，收到的税收返还，等等。与经营性收支配套的资金管理制度如下。

1. 付款审批权限表

所有的资金支付必须完成审批后才能支付，为此需要制定付款审批权限。付款审批权限表是日常资金业务中涉及频率最高，与业务部门关系最密切的表。经营性资金流入一般不需要逐项审批，投融资收支发生的频率很少，故制定好安全和效率兼顾的付款权限审批表，可以规范大部分资金业务。

付款权限表内容一般包括：事项、金额权限、最终审批人、审批流程、事项说明等。

2. 收银管理办法

为了确保现场收银准确、及时、安全，需要制定收银管理办法，主要内容包括：收银岗位设置和职责、收银流程、结算流程、备用金管理、零钞兑换、大钞收取、营业款缴存、金库管理制度、收银员行为规范、人员考核制度以及发生火灾、停电、盗抢等紧急情况下的预案。

3. 应收账款管理办法

为了确保应收账款总额可控、及时收回，需要制定应收账款管理办法，主要内容包括：客户信用评估、信用期限、信用额度、对账管理、回款管理、逾期账款管理、坏账处理、奖罚规则等。

4. 网银管理制度

网银查询和支付功能方便了资金的支付，但也极易引发风险，一旦失误，后果难以挽回，必须高度重视，制定严密的制度。网银管理制度主要内容包括：开户银行范围、开立审批、支付范围、支付额度、支付审批、证书密码管理。

二、投资性收支管理

投资性收支是指企业发生的与固定资产、无形资产、股权投资、债券投资相关的各类收支。与投资性支出配套的管理制度如下。

1. 资本性支出管理制度

为了合理配置企业资源，控制资本性支出风险，提高投入产出效益，需要制定资本性支出审批制度，包括资本性支出的定义、类别、管理原则、部门职责、投资回报测算、预算管理、立项流程、招标采购、付款流程、验收流程、处置流程等。

2. 理财管理办法

随着资管新规的发布，刚性兑付被打破，购买理财产品应慎之又慎，严格限制理财产品的选择。理财管理办法的内容包括：理财策略、银行范围、产品选择、审批流程、账务处理等。

三、融资性收支管理

融资性收支是指与股权融资、债务融资有关的收支，比如接受他人股本注入、向银行借贷等，以及减资退股、分红、还本付息等支出。

融资性支出和投资性支出是一个事物的两面，对于投资方来说属于投资性收支，对于融资方来说属于融资性收支。与融资性收支配套的管理制度如下。

1. 融资工作手册

对于集团型公司，各单位的融资行为必须协调统一，收口于总部集权管理，防止乱融资、乱担保，影响集团信用评级，威胁企业资金安全。融资工作手册的主要内容包括：工作职责、摸底情况、融资计划、融资方案、合同签订、费用支付、还本付息、担保管理、资料管理、融资考核等。

2. 利润分配制度

利润分配制度内容包括：分配原则、分配基数、分配时间、决策程序、支付审批等。

四、现金余额管理

1. 资金计划编制指引

资金计划表是对资金进行全局管理的核心，必须严格审核、及时更新，随时掌握当前和未来一段时间的资金动态。资金计划编制指引主要内容包括：整体原则、编制时间、编制内容、部门职责、编制要求、报送流程、考核奖惩等。

2. 现金实物管理

现金实物管理的内容包括现金支出范围、现金盘点制度、银行对账、保险柜管理、出纳室管理等。

3. 资金集中管理制度

有条件的企业可以结合实际情况进行资金集中管理，简单点儿的可以保持现有组织架构和账户结构，资金划拨总部，按申请款计划下拨，复杂点儿的可以建立资金中心、财务公司等。

💡 **案例**

某公司资金集中管理案例

在当前全球经济危机的影响下，"现金为王"已经成为业界的普遍共识。那么，如何在集团性企业内加强资金统筹管理，实施强有力的资金监控？B 公司做出了大胆的尝试，建立资金中心，实施资金绝对集中管理。

一、问题的提出：为什么要进行资金集中管理？

1. "三高""三多"问题的困扰

"三高"即存款高、贷款高、财务费用高，"三多"即合作银行家数多、银行账户多，沉淀资金多。这是集团企业曾经普遍面临的财务问题。以 B 公司为例，2006 年前，B 公司旗下拥有十余家实体公司，各公司在资金管理上各自为战，在同一时点，有些企业产生大量资金沉淀的同时，另一些企业却因资金匮乏不得不向银行大量举债；由于各公司分别和银行发生业务关系，单一企业在银行谈判时的话语权不高，难以获得强有力的支持，面临较高的财务费用和资金成本。因此，如何发挥整体合力，从而最大限度地提高资金使用效率的问题变得日益紧迫。

2. 资金集中管理的优势聚焦

通过一系列的可行性研究，B 公司希望将分散在各附属公司的资金归集起来，对资金业务进行全方位的实时控制，从而达到以下目的。

（1）通过资金余缺调剂，实现资源的统筹利用。

（2）联合各公司与银行集中议价，减少整体财务费用支出。

（3）强化总部对附属公司的资金管控，加强整体风险的控制能力。

二、问题的解决：如何构建资金集中管理体系？

1. 总体思路

将资金中心定位为企业内部银行，以价值创造为管理目标，以公司整体利益最大化为管理原则，注重服务与管理的结合，清晰界定管理权限与管理对象，设立人民币资金池，通过业务授权机制控制风险，从而达到资金集中管理的目的。

2. 关键工作

（1）清晰界定资金中心的五大职能，即结算中心、票据中心、融资中心、内部信贷中心和风险管理中心。

（2）推动内部"集中合力"理念的传播，清理附属公司银行账户。

（3）通过招标，重新评估、选择合作银行。

（4）搭建安全、高效、快捷的企业内部结算系统，与银行核心系统无缝连接。

（5）统筹境内外融资，以低利率的内部融资置换高利率的外部融资。

（6）建立风险控制体系与制度。

3. 组织保障与建设流程

资金集中管理并非一个网银、一个部门这么简单，它是一个完整的体系，而且要融入公司整体的运作之中，与生产控制、营运管理、战略管理等紧密结合起来，才能发挥价值创造的作用。

因此，B 公司构建了包括项目决策委员会、项目总监、项目经理以及业务小组、技术小组在内的项目团队，通过团队成员的精诚合作，从无到有地开始资金集中管理体系的建设。建设流程如下图所示：

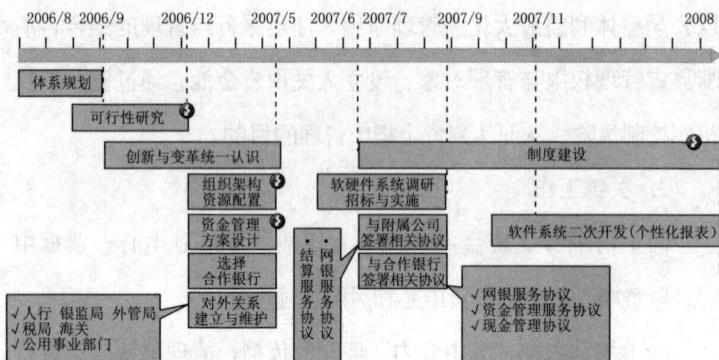

2006/8 2006/9　2006/12　2007/5　2007/6 2007/7　2007/9　2007/11　　　2008

体系规划

可行性研究

创新与变革统一认识　　　　　　　　　制度建设

组织架构资源配置　　软硬件系统调研招标与实施

资金管理方案设计　　与附属公司签署相关协议　　软件系统二次开发（个性化报表）

选择合作银行　　与合作银行签署相关协议

对外关系建立与维护　　·结算服务协议　·网银服务协议　　✓网银服务协议　✓资金管理服务协议　✓现金管理协议

✓人行 银监局 外管局
✓税局 海关
✓公用事业部门

4. 困难与挑战

资金集中管理绝非一蹴而就的事情，在整个过程中，B公司项目团队经受住了一个又一个的困难考验，并以无畏的开拓精神接受了一次次挑战。

（1）推动创新与变革，评估风险与承担责任。

B公司经历了一年的时间转变观念、统一认识，又用了半年时间开展了广泛的可行性研究和风险评估控制，最终取得了各级管理层的鼎力支持。

（2）正确处理资金中心和业务板块的关系。

资金中心与业务板块之间因各自的管理要求不同而存在着矛盾，资金中心经过与业务板块的反复协商，兼顾了双方的关注焦点，最终获得了业务板块的大力支持与协作，寻找到了双赢的平衡点。

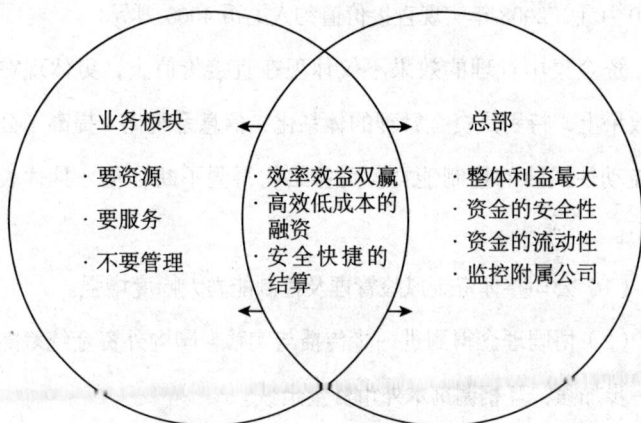

业务板块
· 要资源
· 要服务
· 不要管理

效率效益双赢
高效低成本的融资
安全快捷的结算

总部
· 整体利益最大
· 资金的安全性
· 资金的流动性
· 监控附属公司

（3）合作银行的选择。

因历史情感和个人因素的影响，原有银行账户的清理过程中矛盾重重。在公司领导的大力支持下，通过对各银行进行公开招标，形成了四家主办银行和两家辅助银行的格局，并将账户减少至 40 余户，实现了资金的绝对集中。

（4）内部贷款的发放和收回。

由于资金中心的贷款是内部资金，有些附属企业抵制贷前审查与贷后跟踪，缺乏按期还本付息的意识甚至赖账不还。资金中心通过利率的杠杆作用调节资金成本，并通过多种融资渠道解决附属企业的资金短缺问题，使得各附属公司改变了陈旧观念，认可了资金中心的工作。

三、资金集中管理的效果

2007 年，B 公司完成绝对资金集中管理后，实现直接价值约

3000万元，2008年实现直接价值约人民币4000万元。

资金集中管理的效果不仅体现在直接价值上，更体现在间接效果上，特别是资金管理的体系化、信息系统化，提高了公司对流动性风险的控制能力，财务结构得到不断优化。具体表现如下。

（1）公司整体资金风险管理及控制能力大幅度增强。

（2）协同理念得到进一步传播与实践，国内外资金统筹能力进一步加强，互相调剂本外币资金余缺。

（3）推动公司的重组与整合，帮助附属公司优化合作银行条件，降低日常资金头寸和本外币贷款利率，降低资金成本。

（4）用财务成本效应和财务杠杆效应提升ROE。

（5）提高了资金使用效率和周转速度。

四、体会和思考

在建立资金集中管理体系的过程中，需要注意以下方面。

（1）实施资金集中管理的前提条件是取得各级管理层的认同和支持。

在集团层面，集团总经理亲自审核方案，财务部、信息中心给予了技术指导，法务部对法律风险进行了提示。在B公司层面，公司总经理亲自协调附属公司，推动各级管理层积极配合与支持。

（2）资金信息管理系统的建立是实施资金集中管理的基本保障。

通过招标选取合格软件商，在软件商的协助下梳理流程，建立一系列标准与规范，确保资金信息管理系统的安全、快捷运行，同时促进了管理效率的提升。

（3）实施资金集中管理需要具备良好的管理基础。

在资金绝对集中前，B 公司有将近四年的资金相对集中管理的经验。在实施绝对集中的过程中，良好的财务团队素质起到了至关重要的作用。

（4）实施资金集中管理需要良好的跨部门协同合作。

在系统构建的整个过程中，需要财务、IT、营运以及人力资源等各部门的密切合作，特别是总部与各业务板块的无边界沟通，充分发挥规模优势，达到整体利益最大化。

（5）实施资金集中管理需要评估所在地公共关系并取得支持。

除了商业银行外，必须取得人民银行、银监局、税务局、海关等政府部门的支持，特别是税务局对内部资金融通的政策许可。

（6）实施资金集中管理，需要系统地规划。

资金集中是项系统工程，需要在服从公司战略的基础上，进行资金的统一调度，并协调好与软件商、银行、政府部门的外部关系，得到 IT 的大力支持，并处理好总部与业务板块的合作共赢关系。具体内容如下图所示。

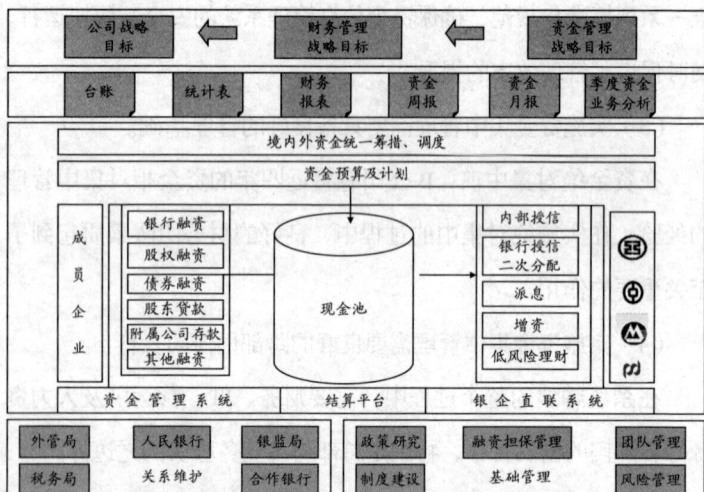

资产管理：如何建立资产管理体系

原则

实现两个目标，贯彻四个全面。

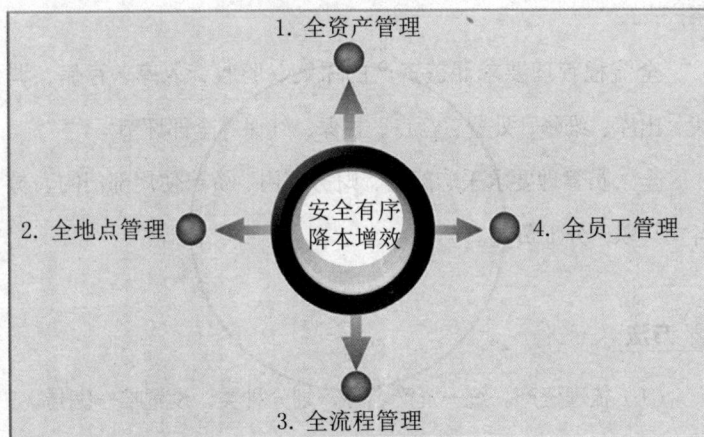

释义

资产管理的两个目标是安全有序、降本增效；四个全面管理是指全资产管理、全地点管理、全流程管理、全员工管理。

资产管理就是通过贯彻四个全面管理，从而实现安全有序、降本增效两个目标。

安全有序是资产管理的首要目标。安全是指保持资产物理性上无损伤，权属上无灭失，价值上无损失；有序是指资产移动、储存一切环节都有审批、有记录、有秩序。

全资产管理要求不仅管理固定资产、原材料、半成品、产成品，也管理低值易耗品；不仅管理自购的资产，也要管理代管的资产。

全地点管理要求不仅管理仓库内的资产，也管理仓库外的资产。

全流程管理要求涵盖资产的采购、验收、入库、存储、调拨、出库、维修、处置、盘点、投保、续保等全部环节。

全人员管理要求采购部门、财务部门、资产使用部门的人员各司其职，分工负责。

🔍 方法

（1）梳理资产。统一资产名称，划分种类，设置唯一编号。

（2）梳理库房。梳理库房位置、面积、数量，分配到各部门。

（3）进行仓库分级，设置实仓、虚仓。仓库可分为中央仓库、一级仓库、二级仓库、三级仓库等，资产必须逐级调拨，禁止跨级调拨，禁止同级仓库之间相互调拨。

实仓用于管理仓库内资产，虚仓用于管理仓库外资产。在实仓内设置货架，进行仓位管理，区分物资具体存放地点。虚仓分为部门虚仓和功能虚仓两类：部门虚仓用于管理类资产低值易耗品、在实仓外的固定资产；功能虚仓用于管理处于维修、出租及出借等状态的资产。

（4）明确部门和人员责任。财务部设置资产管理员，全面指导、监督资产管理工作；各部门设置二级资产管理员进行本部门资产管理和业务培训；每个员工参与所使用资产的实际管理。

（5）制定审批流程。

（6）设置表单。包括验收单、入库单、调拨单。

（7）撰写资产管理办法，进行培训宣传。

（8）选用资产系统，进行信息化管理。

案例

某主题乐园资产管理方案

一、梳理资产种类

编号	名称	位置	品牌	技术参数	规格型号	单位

二、梳理仓库

序号	名称	位置	面积	部门	备注

三、设置实仓、虚仓，进行仓库分级

序号	类别	等级	名称	仓储资产
1	实仓	一级	中心库房	原材料、库存商品 低值易耗品
			员工食堂	原材料（非营运）
		二级	各部门仓库	低值易耗品
			商品零售门店	库存商品
			中央厨房	原材料（营运）
		三级	餐厅门店	原材料（营运）
2	虚仓	二级	各部门虚仓	类资产低值易耗品 固定资产（从实物二级仓库领用的）
			功能虚仓	类资产低值易耗品 固定资产（维修、出租、出借）

四、明确部门和人员责任

```
                    ┌──────────────┐          ┌──────────────┐
                    │   商品门店    │──────────│   门店员工    │
                    │  仓库管理员   │          │              │
                    └──────────────┘          └──────────────┘
┌──────────┐        ┌──────────────┐          ┌──────────────┐
│ 资产管理组 │────────│ 中央厨房、员工食堂│────────│ 中央厨房、员工 │
│          │        │ 餐厅仓库管理员  │          │ 食堂餐厅员工   │
└──────────┘        └──────────────┘          └──────────────┘
                    ┌──────────────┐          ┌──────────────┐
                    │    二级       │──────────│   各部门员工   │
                    │  资产管理员   │          │              │
                    └──────────────┘          └──────────────┘
```

1. 资产管理组

（1）全面指导和监督公司资产管理工作，掌握资产的总体状况，对各部门资产管理情况进行评估和反馈。

（2）负责系统资产数据维护。

（3）审核资产的验收入库、调拨、出库、维修、报废等流程。

（4）负责资产信息标签的管理。

（5）负责组织资产的盘点工作，根据需要出具盘点报告。

（6）当资产库存低于安全库存或高于库存限额时，及时进行预警，跟踪并反馈处理情况。

2. 餐饮、商品部仓库管理员

（1）负责所辖仓库仓储资产的日常管理。

（2）负责所辖仓库仓储资产验收工作。

（3）配合资产管理组的盘点、稽查等工作。

（4）负责餐饮、商品管理系统中审批节点的审核。

3. 二级资产管理员

（1）负责本部门低值易耗品、固定资产的日常管理。

（2）负责本部门低值易耗品、固定资产的验收工作。

（3）配合资产管理组的盘点、稽查等工作。

（4）负责资产管理系统中审批节点的审核。

（5）负责本部门资产管理知识及技能的培训。

4. 部门员工

（1）负责所使用资产的日常管理。

（2）配合资产管理组的盘点、稽查等工作。

（3）配合完成本部门资产管理知识及技能的培训。

五、制定审批流程

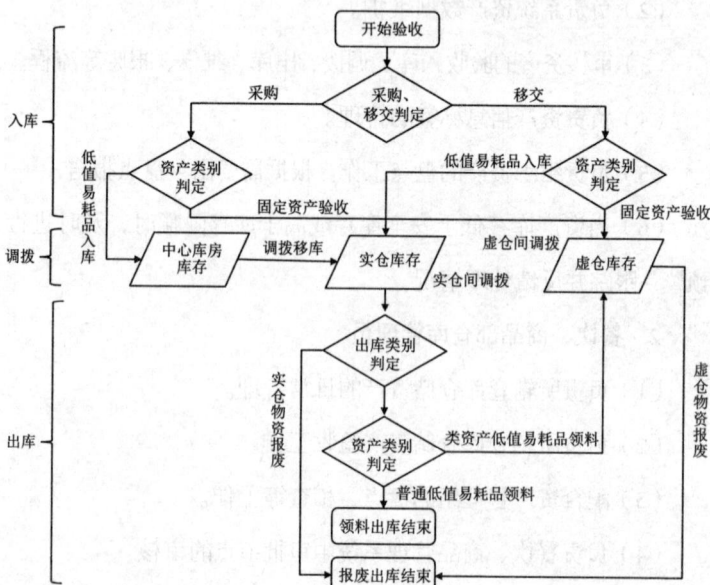

六、制定表单

1. 固定资产类

固定资产验收单

固定资产移交清单

固定资产调拨单

固定资产出借申请单

固定资产出租申请单

固定资产维修申请表

固定资产维修验收单

固定资产报废申请单

闲置固定资产明细表

固定资产盘点差异说明表

2. 原材料类

原材料入库验收单

原材料调拨单

原材料退料单

原材料库存报表

原材料盘点差异说明表

3. 库存商品类

库存商品入库验收单

库存商品调拨单

库存商品退料单

库存商品库存报表

库存商品盘点差异说明表

4. 低值易耗品类

低值易耗品验收入库单

低值易耗品移交清单

低值易耗品领料单

低值易耗品调拨单（出库）

低值易耗品调拨单（在用）

低值易耗品出借申请单

低值易耗品出租申请单

低值易耗品维修申请单

低值易耗品维修验收单

低值易耗品报废申请单

闲置低值易耗品明细表

低值易耗品盘点差异说明表

七、编制资产管理手册

管理手册共分六篇，第一篇《资产管理总则》，阐述资产管理的目的、原则，资产分类与定义，仓库设置，组织架构和职责，起到统领整个资产管理工作的作用。

第二篇至第五篇分别是《固定资产管理办法》《原材料管理办法》《库存商品管理办法》《低值易耗品管理办法》，主要阐述四类资产管理过程中涉及的各类流程、表单、审批权限和罚则。

　　第六篇是《仓库管理办法》，阐述仓库的现场空间管理、人员操作技术规程、安全管理规范等。

　　此六个篇章从总则到细则，从制度要求到现场管理，全面涵盖了资产管理的方方面面，在实际执行过程中也起到了非常良好的作用。

第一篇　资产管理总则

　　第一章　管理原则

　　第二章　资产的分类与定义

　　第三章　仓库设置

　　第四章　资产管理组织架构

第二篇　固定资产管理办法

　　第一章　总则

　　　　1. 目的

　　　　2. 适用范围

　　　　3. 定义

　　　　4. 固定资产分类

　　　　5. 管理原则

　　　　6. 部门职责分工

　　第二章　管理流程及方法

　　　　1. 固定资产的采购

第二章　管理流程及方法

　　1. 原材料的采购

　　2. 原材料的验收入库

　　3. 原材料的调拨

　　4. 原材料的退料

　　5. 原材料的领用

　　6. 原材料的盘点

第三章　处罚规定

　　1. 处罚细则

　　2. 罚款及赔偿管理

第四章　附则

第四篇　库存商品办法

第一章　总则

　　1. 目的

　　2. 适用范围

　　3. 定义

　　4. 管理原则

　　5. 职责分工

第二章　管理流程及方法

　　1. 库存商品的采购

　　2. 库存商品的验收入库

第三章 仓库发货操作指引

1. 管理目的

2. 适用范围

3. 仓库发货操作规范

第四章 物资配送操作指引

1. 管理目的

2. 适用范围

3. 物资配送操作指引

第五章 仓库物资管理细则

1. 管理目的

2. 适用范围

3. 仓库物资管理细则

第六章 仓库物资盘点管理

1. 管理目的

2. 适用范围

3. 盘点方法

4. 仓库全面盘点和月末盘点管理

第七章 仓库各类单据管理细则

1. 管理目的

2. 适用范围

3. 仓库各类单据管理

3. 法律法规

4. 术语及定义

5. 事故事件分级分类

6. 工作原则

7. 组织机构及职责

8. 预防及预警

9. 灾害事故应急预案

10. 信息发布

11. 后期处置

12. 通信物资保障措施

13. 培训与演练

14. 奖惩

15. 附则

八、系统选型

该公司比较了 ABC 三款资产管理软件，重点考察了三款软件在虚仓功能、状态管理、审批流程方面的表现。关注虚仓功能是为了实现库外资产的管理，关注状态管理是为了盘活资产，及时处置闲置资产；关注审批流程是为了提高工作效率，防止经办人和管理人将过多的精力消耗在日常审批中。经过综合比对，该公司最终选择了 A 软件。

功能对比	A	B	C
虚仓功能	√	√	×
在用、闲置状态管理	√	×	×
灵活的审批流程	√	×	×

税务管理：如何建立税务管理体系

原则

规范经营，依法纳税。

释义

依法纳税是企业和公民的法定义务。现在国内税收法制环境越来越严格，如果财务人员违反税法规定，将会导致企业法人和财务人员承担严重的法律后果。

国家税务总局从 2015 年起接连发布了《推进税务稽查随机抽查实施方案》《税务稽查案源管理办法》《税务稽查随机抽查对象名录库管理办法》《税务稽查随机抽查执法检查人员名录库管理办法》《国家税务总局和地方税务局联合稽查工作办法》等文件，拉开了税务稽查两随机一公开的大幕。

从 2017 年开始，每年都进行多批次的重点稽查对象随机抽查工作，随机抽查日渐形成常态化。2019 年发布了《税收违法行为检举管理办法》，在市（地、州、盟）以上税务局稽查局设立税收违法案件举报中心，并可以通过 12366 纳税服务热线接收税收违法行为检举。

目前，税务机关的信息化水平很发达，金税三期实现了全国纳税数据的集中互联、交叉比对，增值税发票管理新系统和增值税发票风险监控平台可以实时监控发票的轨迹、数量、价格、金额，实现开具方到接收方的全闭环管理，精准定位涉税违法行为，核查准确率在 90% 以上。

营业税取消后，原营业税纳税主体开始交纳增值税，税收违法成本进一步加大，刑法规定了六类与增值税相关的罪行，轻则判处有期徒刑或者拘役，重则判处无期徒刑。比如刑法第二百零五条规定，虚开税款数额 1 万元以上的，处三年以下有期徒刑或者拘役，并处二万元以上二十万元以下罚金，单位犯本条规定之罪的，对单位判处罚金，并对其直接负责的主管人员和其他直接责任人员，处三年以下有期徒刑或者拘役。

财务人员应该积极扭转老板和相关人员的观念，普及纳税光荣的观念，以案说法，警示违法后果，提倡规范经营，依法纳税，在此前提下进行纳税筹划，实现合理纳税。

💡 小资料

国家税务总局完成首批重点稽查对象随机抽查工作

为深入贯彻落实《国务院办公厅关于推广随机抽查规范事中事后监管的通知》精神，按照国家税务总局印发的《推进税务稽查随机抽查实施方案》的工作要求，近一年多来，国家税务总局部署完成了首批 26 户重点稽查对象随机抽查工作，共查补税款 168.06 亿元。

本次抽查工作严格执行"双随机"机制。一方面随机选取检查对象。从税务总局 600 户重点税源名录库中选取 26 户大型企业集团。从企业经营规模上看，2014 年经营收入规模在 200 多亿元至 6000 多亿元间不等；从行业分布看，涉及通信、金融、铁路等 10 余个行业；从企业经济性质上看，涉及国有企业、民营企业及其他性质企业。抽取结果体现了样本代表性和分布公平性。另一方面随机选派执法检查人员。随机选派的同时兼顾检查人员专业特长和回避原则等因素，既避免人为干扰，又保证了工作质量。

针对企业集团经营管理高度集中和成员单位数量众多等特点，我们在检查中采用了团队化、项目化的工作组织方式，充分运用大数据分析并整合全国的稽查力量，同时加强服务意识和国地税稽查部门协作。经检查发现：虽然大型企业集团总体上管理比较规范，内控机制健全，但依然存在一些少缴税款的问题，主要原因是财税人员对税收政策理解的偏差、重大项目或经营决策缺乏事前税收安排等。

通过本次随机抽查工作，提高了纳税人遵从税法和防范税收风险的意识，规范了纳税行为；也督促稽查部门进一步加强阳光执法，通过解决征纳双方争议问题完善了税收政策，改进了税收管理工作。

国家税务总局将进一步推进"双随机、一公开"工作，提高监管公平性、规范性和有效性，努力营造良好的税收环境。

2017 年 6 月 26 日

来源：国家税务总局稽查局

💡方法

俗话说"打铁还需自身硬"，财务人员要想在企业塑造规范经营、依法纳税的氛围，就要非常了解税收环境的变化，及时跟进最新的税收政策，在内部制定完善的税务管理制度，定期举行法律法规的宣讲。

（1）养成每天浏览国家税务总部网站的习惯，仔细阅读税务新闻、税收政策和政策解读。另外，我国税收政策种类、数量繁多、发文机关层级多样，税务机关的自由裁量权较大，财务人员还必须与当地税务局关键人员形成良好的关系，经常沟通，了解实际操作尺度。

（2）制定完善的税务管理制度。一般企业往往有核算制度、预算制度、资金管理制度、资产管理制度，却缺乏税务管理制度。即便有，很多也只是将税法照抄一遍，重新编辑体例格式而已，实用性和针对性不强。制定制度的目的是为了解决问题，而不是形成文件，仅仅显示表面治理规范而已。

（3）警钟长鸣，定期举行法规宣讲，重点聚焦社会税收违法热点事件、重大税收政策变化、相关的税收优惠政策等。

💲 **案例**

典型的税务管理制度框架

典型的税务管理制度可以分为十个章节，分别是涉税业务一览表、税金的计算、税金的核算、纳税申报、发票管理、涉税合同条款、税负分析表、内部稽核、税务稽查应对、奖惩规定。

第一章　涉税业务一览表

一般的税务管理制度往往直接从税种入手，直接描述各税种的计算和核算，这种做法存在两个弊端：

（1）不符合先发生业务，再发生纳税义务的顺序。实践中，财务人员肯定是先遇到某项业务，再考虑此项业务涉及的税种和涉税事项，如果直接从税种切入，容易将同一业务涉及的多个税务事项割裂开来，不利于培养系统思考税务问题的思维。

（2）难以从公司层面建立全局观。财务人员不应仅会计算某个税种的金额，进行纳税申报等局部性的工作，也应该能够全局性地思考公司涉税事项，提高业务站位，训练管理思维，为今后更高阶的纳税筹划工作做准备。

为避免上述两个弊端，一个有效的做法是编制《涉税业务一览表》。在某个阶段，某个公司的业务范围和税种总是相对固定的，《涉税业务一览表》可以起到统揽业务全局，统领制度全文的作用。

业务	增值税	印花税	……	所得税
A	√			
B	√	√		
C				√

第二章　税金的计算

本章应按照税种设置，每个税种一节，每节阐述该税种的计算公式、计税基数、税率、纳税义务发生时间。

第三章　税金的核算

本章应按照税种设置，每个税种一节，每节讲述该税种计提、缴纳时的会计处理。

第四章　纳税申报

本章规范纳税申报表的填列、申报流程、系统操作、档案管理等四个方面。

第五章　发票管理

本章规范发票的管理，一般可分为七节，包括发票类别和适用范围、发票购买、发票开具、发票丢失、发票作废、发票认证、发票保管。

第六章　涉税合同条款

本章至少应规范两类合同条款：付款条款和发票条款。合同是业务的载体，业务性质的认定最终要追溯到已经签订的合同上，合同条款的设计直接影响到企业纳税义务的发生时间、税负高低和与发票相关的权利义务。通过固化常用合同条款，可以在控制税务风险的同时，降低与业务部门的沟通成本。

第七章 税负分析表

税负率是表示纳税人所承担的税收负担轻重的一个量化标准。比如增值税负率就是指增值税纳税人所承担增值税额占该纳税人当年全部销售收入的比重。

税负率是税务机关评判行业纳税人税收负担的一种工具，也是国家制定税收政策的一项参考依据。

同时，计算和分析税负率对企业控制税收成本具有参考价值。企业每月应编制税负率分析表，观察税负率高低和走势，分析是否存在异常情况，在核算上是否规范。

一般来说，企业核算越规范，税负率越接近同行业平均税负的最小值。如果税负明显偏离行业水平，财务人员就要加以重视。

第八章 内部稽核

企业应建立内部稽核机制，检查税金计算、核算、申报、档案管理、发票管理、合同管理等方面是否存在问题，确保工作万无一失。

第九章 税务稽查应对

财务人员应了解常见的税务稽查形式、原因，制定标准应对程序和方案，防止盲目应对、随意反馈，导致风险进一步扩大。

第十章 奖惩规定

企业应建立税务工作评价体系，设立评价指标、评分标准、奖惩规定，敦促经办人员避免工作失误，不断提高工作质量。

识人用人，是管理者的核心能力

💡 原则

识人之智，用人之明，容人之量，成人之美，率人之才。

💡 释义

作为一名管理者，最要紧的就是判断力，判断一件事情能否做，怎样去做，以后会怎么发展，一个人可不可用，怎样去用，以后怎么安排。

其中，人是更为重要的因素，事情都是由人做的，管理就是通过安排好人来处理好事情，人是事业成败、工作好坏的关键因素。会不会识人，能不能用好人是管理者的核心能力。

在用人方面，一个优秀的管理者应该具备五种品德：识人之智、用人之明、容人之量、成人之美、率人之才。

识人之智，即识别人的眼光，管理者应能够有判断人的智力、品德、个性、能力等方面的水平，透过现象看本质，在短短的接触时间内做出清晰准确的判断。

用人之明，即用人的智慧，用人之明要求把合适的人放到合适的岗位上，对不同岗位级别的人提出不同的要求。管理者必须眼明心亮，能够明辨是非，结合当事人一贯的表现和周围环境的反馈，明察秋毫，推断隐藏的真相，做出合理的安排。

容人之量，即包容人的雅量，作为一名管理者，接触的人方方面面，个性迥异，诉求不同。有人急躁，有人沉着；有人不善言谈，有人夸夸其谈；有人保守，有人冒进；有人细腻，有人粗糙；有人强势，有人平和。管理者应该涵养心胸，培养包容人的气量，不仅能包容他人的缺点，还要能容纳他人的优点，对他人的缺点采取理解加帮助的态度，对他人的优点采取学习和善用的态度，切不可心胸狭隘，容不得他人过错，嫉贤妒能，排斥他人的优点。

成人之美，即成全他人的美德。天地大德，生生不息，天地最大的美德，就是成全，化育万物，功成不居，做人也应该如此，成全别人，就是成就自己。成全下属，下属进步了，做领导的脸上也有光；成全同事，同事顺利了，本部门的事情也容易得到配合；成全领导，领导满意了，自己也能得到赏识和提拔；成全合作方，可以争取互利共赢的局面；成全顾客，可以换来长久持续的生意。

率人之才，即带领人的才干。作为管理者，仅仅有思想，有肚量，有美德是不够的。企业不是学校，学校传授知识，培养品格，与实践存在一定程度的脱节，而企业要实实在在地处理事情，员工要具备扎扎实实的能力，学校追求的是人和知识的发展，企业追求的是利润。这就要求管理者不能空谈，必须具备实干的能力，作为领导，一定要比下属能力强，不强不足以服众。

方法

这五个方面如何做到，我们可以从他人的经验中寻找答案，然后吸收优化，形成自己的见解和方法，这里抛砖引玉阐述三个方面。

1. 如何有识人之智

识人的方法，古代圣贤论述得比较多，流传较广且行之有效的有明代思想家吕新吾在《呻吟语》中提到的"三种资质"论，曾国藩在《冰鉴》中提到的"七看"论，诸葛亮在《知人》一文中提到的"七"观论。

就国外而言，有巴西投行之王雷曼在《3G 资本帝国》中提到的"Poor Smart Desire"原则，有美国心理学家伊莎贝尔·布里格斯·迈尔斯、凯瑟琳·库克·布里格斯基于荣格《心理类型》发展起来的"MBTI 人格类型"理论。

（1）吕新吾的"三种资质"是指：深沉厚重，是第一等资质；磊落豪雄，是第二等资质；聪明才辩，是第三等资质。历史上，深沉厚重者如姜太公，磊落豪雄者如项羽，聪明才辩者如杨修。吕坤非常推崇深厚凝重的品格，在《呻吟语》中多次提到，与三等资质的论述一脉相承，比如以下两段："德性以收敛沉着为第一，收敛沉着中，又以精明平易为第一。大段收敛沉着人怕含糊，怕深险。浅浮子虽光明洞达，非蓄德之器也。""躁心浮气，浅衷狭量，此八字进德者之大忌也。"

（2）曾国藩的"七看"是指：功名看气概，富贵看精神；正邪看眼鼻，真假看嘴唇；主意看指爪，风波看脚筋；若要看条理，全在语言中。曾国藩评价李鸿章"才大心细、劲气内敛"，后来李鸿章成为晚清重臣，可见曾国藩看人之准。

（3）诸葛亮的"七观"是指，一曰间之以是非而观其志，二曰穷之以辞辩而观其变，三曰咨之以计谋而观其识，四曰告之以祸难而观其勇，五曰醉之以酒而观其性，六曰临之以利而观其廉，七曰期之以事而观其信。

（4）雷曼的"Poor Smart Desire"是指：出身贫穷、聪明、渴望成功。贫穷的渴望改变命运，聪明的有改变的可能，渴望成功的充满热情和斗志。通过这套选人标准，3G 资本打造了一支既懂投资，又懂运营的人才队伍，为不断壮大的收购事业储备了源源不断的人才。

（5）MBTI 人格类型理论是指，人的个性差异可以分为四个维度，每个维度又有两种相反的倾向，排列组合后共有 16 种人格类型。

第一维度是心理动力维度，指人的心理能量的来源和去向，分为内倾和外倾两种倾向。内倾的人倾向独处、深思，从内心获得能量，也将能量注入内心；外倾的人倾向群居、交谈，从人群中获得能量，也将能量投入人群中。

第二维度是获取信息的方式，分为感官和直觉两种倾向。感官型的人注重细节、步骤，直觉型的人注重整体、模式。

第三维度是做出判断的方式，分为思考和情感两种倾向。思考型的人注重事理、逻辑，情感型的人注重情理、感受。

第四维度是处理外部世界的态度，分为判断和感知两种。判断型的人采取计划、控制的态度，感知型的人采取变化、随意的态度。

凡此种种观点，我认为比较恰当的态度是批判地继承，发展自己的方法，同时保持开放的心态，不要自以为是，不要随意给人贴标签，既要看到人的现时特点，又要知道人有变化发展的潜能。

2. 如何有容人之量

容人之量我想可以从三个方面着手。

首先，要心胸开阔，善养浩然之气，多见多闻，多读书，多实践，多与人接触，不胡思乱想，不狭隘闭塞。

其次，要认识、理解、接纳人的差异性。人和人的个性本身就是不同的，不同不代表优劣，不同个性的人都有胜任的可能性；能力有发展的阶段性，对于能力不足的人来说，要考虑是否有发展的潜能；人都有情绪的波动，对于因情绪不佳而做出有违职业伦理的行为，要教育和激励相结合。

最后，要爱才惜才。团队协作讲究的是互通有无，而不是排斥竞争。汉高祖曰"运筹策帷幄之中，决胜于千里之外，吾不如子房；镇国家，扶百姓，给馈饷，不绝粮道，吾不如萧何；连百万之军，战必胜，攻必取，吾不如韩信。"一个人不可能包打天下，分工合作才是成事之道。

3. 如何有率人之才

拥有率人之才的关键不是如何拥有才能，而是拥有什么样的才能。如何拥有？不外乎学习实践，自律自强。拥有什么样的才能？我们可以从《孙子兵法》中获取灵感。《孙子兵法》讲的是用兵之道，与现代企业的商业竞争有异曲同工之处。

《孙子兵法》言"将者，智、信、仁、勇、严也"，意思是说作为将领，要具备五种素质：一为智力，要足智多谋，善思明辨；二为信用，要言出必行，建立威信；三为仁义，要爱护军民，心存仁义；四为勇武，要以身作则，率先垂范；五为严格，要赏罚分明，军令如山。

作为企业的管理者，显然也要不断培养这五种素质，磨炼心性，提高技能。

（1）不断地学习拓展，丰富处理事情的才智。

（2）对他人不轻易许诺，做事情要有把握，不断地积累信用。

（3）爱护下属，不求全责备，与人为善，与同事处理好关系。

（4）遇事不退缩，主动承担责任，树立榜样。

（5）纪律严明，赏罚有信，塑造团队正气，激励团队担当进取。

案例

优秀财务负责人需要具备的素质

财务负责人是企业资金方面的大总管，地位核心，事务敏感，与老板关系近，与各部门茬口多，与外部机构接触广泛，需要具备以下综合素质。

1. 作风正派，对企业绝对忠诚

资金是老板的命根子，做企业最终的目的还是增加银行账户里的数字，所以很多企业的财务都是亲戚朋友，一来知根知底，二来亲戚关系会增加犯错成本，跑得了和尚跑不了庙，他犯错前会三思。

2. 熟悉电脑知识，精通办公软件

职业生涯刚起步，就是从做 Excel 表哥、PPT 姐开始，没到拼专业能力的时候，大家都差不多，学了很多专业知识，一时半会儿还用不上。Office 用得好不好最能直接体现出能力强不强以及对工作的投入态度。这是基本功，得扎实，后期当了财务负责人也不能手生。

3. 熟练掌握财务会计理论，了解和掌握当地或跨地域的法规和政策，具备宏观和微观经济学知识

财务会计理论知识就不说了，学校教育很全面，年轻时多考几个证书，既提高水平，又锻炼韧劲儿。尤其要注意税收方面，老板们最关心，都想在合法的情况下少花点资金，因此平时要多关心政策，多跟政府部门跑动，结交几个这方面的中介。除了这些具体实战技能，还需要多钻研点经济学知识、资本市场的玩儿法，毕竟当了财务负责人，不能只懂得做账节税，你得成为老板的智囊、顾问，一起商量怎么扩大经营。

4. 眼观六路、耳听八方的能力

说得官方一点，就是要具备财务风险防范和监控能力。财务处于企业信息的中心，只要最终能跟钱扯上关系的人和事儿都得留心。小事儿不注意，关键时刻就容易栽大跟头。

5. 具备半个话事人的能力

财务的工作涉及所有部门，常代表老板传达意见，组织工作，汇总反馈意见，因此得具备组织、协调能力，沟通交流的能力，分析、判断能力，参与决策的能力，得能处理矛盾，平衡关系，协调资源，善于团结群众，共同把老板的意图贯彻到位。

6. 具备用人和培养人的能力

不会用人，自己累死。不培养人，谁心里都明镜似的，没前途直接离职了。善于用人、培养人，利己利人。自己轻松，就能抽出更多时间谋划局面，和谐邻里；手下人有干劲，有奔头，整个团队就都充满朝气。

第三章
高层财务人员
必须要具备的 8 个观念

做到高层，意味着财务人员已经具备了全面扎实的专业素质，在团队管理方面也小有所成，生活中也拥有了较为丰富的阅历及深刻的感悟，具有承担更大责任的潜力。

这时作为企业的高层，一方面肩负着经营企业的责任，一方面肩负着带领团队进步的责任，同时与外部单位高层的交往日益广泛，基本已经脱离了文案工作，大多数时间都在思考方向和人际交往中。

他们的思想具备了提炼升华的可能性，可以致力于形成一套系统化的价值观、管理观、经营观。

他们的实践范围从公司内部扩展到全社会，接触到各行各业，关心宏观经济。

世事洞明、人情练达是基本要求，懂经营、会管理是必备素质。

思想理念：建立个人思想体系

💲 原则

优秀的管理者也是优秀的思想者。

💲 释义

财务人员在做基层的时候，只要专业技术过硬就可以了；在做中层的时候，财务人员可以学习别人的管理；但到了高层，遇到的事情更加不合常规，遇到的人形形色色，就有了发展个人思想体系的必要，越到高层，思想理念就越重要。

何为思想？思想应该是成体系的深刻见解。首先要成体系，不成体系的顶多只是想法；其次还要深刻，不深刻不足以揭示本质。

在人类社会的诸多方面，思想都起到了穿越时空、凝聚心灵、统一行动的巨大作用。

比如，《易经》告诉我们，一阴一阳之谓道，指出了宇宙的终极规律；孔子告诉我们，仁义礼智信，塑造了中华民族的基本品格；马克思揭示了人类社会发展的规律，协助建立了若干社会主义国家。这一套套思想体系，都可以解决某一方面的重大课题，成就一番伟业。

同样的，在企业中，通过塑造企业文化、团队文化，实现对人的思想引领是最高阶的领导方式，这需要领导者做出稻盛和夫所提倡的哲学上的努力，建立一套既符合人情，又符合事理、法纪的思想体系和观念系统。

这里我总结提炼了曾仕强先生的"中道管理"、稻盛和夫的"为人追求正确"、王永庆先生的"力行哲学"，他们的共同特点是既有成功的企业工作经验，又有深刻的思想内涵，就是既有操作性，又有思想性。读者可以细细体会，结合自己的性格志趣，摸索建立自己的管理之道。

一、曾仕强先生的"中道管理"

中道管理是曾仕强先生结合中华传统文化建立的管理哲学。如果说西方管理学主要讲做事的手段，那中道管理则是在讲为人的心法。

中道管理的内涵是极其丰富的，但其核心思想可以用一句话概括："中道管理，在修己，在安人，在止于至善。"

其中，"中"的意思是合理，"至善"就是恰到好处，中道管理就是合理化管理，恰到好处的管理。

怎么才算合理，怎么才算恰到好处？人的感受，安与不安，是判断合理与不合理的标准，人心安宁则恰到好处。因为管理的对象是人、人性和人心，人的根本需求是安宁，其他一切都是假的。将人、人性和人心管理得恰到好处即达到了管理目的。

怎样才能做到合理，怎样才能做到恰到好处？就是要致力于修己，修己才能安人。

如何修己？修什么？就是要掌握经权之道、絜矩之道。经权之道就是守常应变，持经达变，懂得阴阳变化，懂得变与不变，既不僵化，又不乱变。絜矩之道就是将心比心，换位思考，推己及人，己所不欲，勿施于人。

二、稻盛和夫先生的"为人追求正确"

稻盛和夫先生是日本"经营四圣"之一，一生创立了京瓷和第二电信两家世界五百强公司，《京瓷哲学》一书系统阐述了他的管理思想。

稻盛和夫认为，"作为人，何为正确？"是人生和经营的原点。他总结出了一个公式：人生和经营的结果 = 思维方式 × 热情 × 才能。

思维方式可以理解为哲学、观念、看法，热情可以理解为认真、投入、坚持、习惯等，才能主要是指智力。

思维方式是起点，是知的范畴，而热情是行的范畴，才能主要是天赋。

人生的目的是提高心性，每个人都应该做出哲学上的努力，提高思维水平、哲学境界。培养纯粹之心，平衡之人格，与宇宙的意志相协调，戒除私心，利于他人，动机至善，私心了无，这样才能做出正确的判断。

做到温情与冷酷的平衡、胆大与心细的平衡、理性与感性的平衡，探究事物的本质，追求合理之道，人生就是修行，工作就是道场，在工作中修行，心纯见真。

能力要用将来进行时，树立高目标，描绘出梦想，从内心里呼唤，怀有渗透到潜意识的、强烈而持久的愿望，打开心眼，深思熟虑到看到结果，培养有意识的注意力，注意小事才能成就大事，早做打算，在相扑台的中央发力，保持乐观，埋头苦干，坚持不懈，付出不亚于任何人的努力，直到把自己逼入绝境，认为不行的时候正是工作的开始。

与团队一起，实施玻璃般透明的经营，让目标众所周知，自我燃烧，点燃团队的斗志，率先垂范，统一方向，形成合力，抱着今天要优于昨天，明天要优于今天的态度，坚决贯彻，公私分明，公平竞争，贯彻实力主义，牢记小善即大恶，大善似无情，重视伙伴关系。

明白定价即经营，每天有意识地核算各行各业的盈亏状况，做到销售最大化，费用最小化，去实践、重视现场，倾听产品的声音，制作出完美的产品，顾客至上，光明正大地追求利润。

三、王永庆先生的"力行哲学"

王永庆先生是台塑集团董事长，是我国台湾企业第一人，被誉为"经营之神"。

王永庆先生的管理哲学，一言以蔽之，就是脚踏实地的力行哲学。

管理就是懂得追求需要，追究目的，并以最适当的方法去达成。

要做好管理，需要具备三个条件。

第一要刻苦耐劳。就是通过肉体的忍受磨炼精神意志，吃苦耐劳是第一位的，人才是靠磨炼培养出来的，平顺安逸的生活环境会销蚀意志。

第二要追根究底。要以追根究底的精神追求合理化，做事就像树有细根一样，凡事从根源着手，才能理出头绪，使事务的管理趋于合理化。追根究底到最基本单元才能产生真正的力量，追根究底才有生产力。

第三要身体力行。做管理的人不能只了解皮毛，必须身体力行，亲自去体验，了解事件的始末，有始有终，依照系统的、条理的方法去做，在脚踏实地的工作中不断积累经验，才能形成稳固可行的合理化管理制度，养成办好事情的能力，提高做人做事的品质。经营者懂事才能知人善任，使员工服从。

方法

如何建立具有个人风格的思想体系呢？我个人的体会主要有三点。

1. 多积累词汇

独特的思想必然体现为独特的语言风格，比如独特风格的词汇、句式、节奏感等。要形成独特风格的思想体系，就要形成独特风格的语言。

思想是无声的语言，语言是有形的思想，语言是思想的载体，决定着思想水平，可以说"语言就是思想，词汇就是智慧"。

有科学研究表明，在儿童早期，思维是非语言的，语言也是非智力的，但是随着人的成长，语言水平的高低决定了思维水平的高低。

实践也证明，但凡思想家都是文学家，都是处理文字的高手，孔子、老子、庄子、叔本华、尼采、冯友兰、马斯洛，不仅有思想而且文采一流，他们都具备超越文字带来的意障能力，要培养这种能力，须从积累词汇做起。

当然，文学家未必是思想家，也许只是情感丰富且文字技巧娴熟的人而已，能够指导实践的观点才能称为思想，否则只是空想。

2. 多观察现实世界

有思想却不切实际不过是空谈，我们需要的是切合实际、行之有效的思想，而不是空中楼阁的漫谈。纯粹的观念是无所谓对错的，只要设定恰当的定语，寻找恰当的角度，观念总是对的。要培养有用的思想，就要经常出去走一走，看一看，不仅看风景、看风俗，更要看经济现象。

3. 多认识人

古人讲以身载道，一个人就是一套观念的载体，每个人都由千百万个观念构成，这些观念指导着他的行动，这些行动体现了他认可的观念。思想不仅是客观的、逻辑的，也是主观的、人情的，了解不同人的心理、观念、行为特点、才能，有助于形成更加丰富包容的思想体系。

案例

我个人对管理的认识

经过长时间的思考和实践，我也形成了一套自己的粗浅的管理思想体系，这里略举几条，其他的都体现在本书的其他章节中。

一、什么是管理

管理是思想的影子，凡是人施加意识的行为都是管理，既包括管理别人，也包括管理自己。人和管理的关系就像物体和影子的关系，管理是人意识和行为的投射，和影子一样，影子不是任何东西，却又反映任何东西。管理既是这个，又是那个，既不是这个，又不是那个，从一定程度上来说，我们不必非要给管理下定义，无形的东西才是机动性最高的、内涵无限丰富的，"道冲，或不盈，似万物之宗"，正因为"无"不是任何东西，所以能够形成任何东西，大道既归于简，也归于无。

二、管理的目标

管理的目标是通过人做好事，通过事发展人，促成企业和员工双赢的格局。

三、管理的途径

管理的途径包括两条："对外树立权威，对内团结队伍"。

树立权威就是建立威信，塑造可靠、可信的形象。

权威何来？如何立威？ 权威不是威权，牢牢记住卓越的工作质量、练达的人际交往是立身之本，也是权威来源。

如何提高工作质量，练达人际交往？首先，思想上要端正态度，思虑周全，追求完美，追求圆满。其次，行动上要有理、有利、有节。所谓有理，就是自身工作扎实，没有漏洞，有道理；所谓有利，就是不做损人不利己的事情；所谓有节，就是反应适度，措辞得当。

团结队伍就是增强团队凝聚力、向心力，团队成员之间相互支持配合。团结不是一团和气，更不是一致对外，而是具备团队归属感、荣誉感。通过待遇、感情、事业留住人、培养人，使员工有归属感，通过追求卓越的工作成果和受人尊重的地位造就荣誉感。

四、管理者的人格特质

管理者应该德智双全：德代表人格魅力，智代表办事才能。管理者应该做到"以智胜人，以德服人"，在办事上才能胜人一筹，解决他人解决不了的问题；在人格魅力上令人敬服，感染他人共同进步。

五、管理：是科学，也是哲学；是艺术，也是技术

人们常说"管理既是科学，也是艺术"，而我认为"管理既

是科学，也是哲学；既是艺术，也是技术"。原因在于：

（1）用"艺术"一词，大概是侧重于管理具备艺术的难以定量、风格多样的特点。但引入"哲学"一词，可以强调管理者的理念、境界、智慧、人格魅力等因素。而作为包括音乐、美术、舞蹈等门类的艺术来讲，多样有余，智慧不足。

（2）用"科学"一词，是侧重于管理具备科学的方法客观、结果靠谱的特点。但引入"技术"一词，可以引导管理者注意培养管理工作中的具体技能，如识人、口头表达、写作、制度流程设计、组织结构设计、办公软件等，而科学高大上有余，接地气不足。

六、如何看待制度

制度是约束，制度是保护，制度是指导。

七、如何执行制度

制度服务于公司利益，违反公司利益的坚决不做，符合公司利益但违反制度的需要请示上级，符合公司利益并且符合制度的要大胆去做。

八、如何处理好业务与财务之间的关系

各司其职，不给别人添麻烦。相互协作，能为别人搭把手。

小资料

西方管理的历史

1908 年，哈佛商学院成立。

1910 年，亨利·福特的 Highland Park 工厂投产，开启人类

大规模流水线生产时代。

1911 年，泰勒出版《科学管理原理》。

1912 年，泰勒在国会作证，管理进入了公众意识层面。

1916 年，法约尔出版《工业管理与一般管理》。

1917 年，亨利·劳伦斯·甘特发明甘特图，使用条状图管理项目任务和进度。

1922 年，哈佛商业评论开始出版。

1937 年，戴尔·卡耐基出版《人性的弱点》。

1938 年，巴纳德出版《经理人员的职能》。

1946 年，彼得·德鲁克出版《公司的概念》。

1947 年，马克斯·韦博出版《社会与经济》。

1950 年，彼得·德鲁克成为纽约大学管理学教授，这是世界上第一个管理学教授头衔。

1950 年，爱德华兹·戴明开始在日本践行"质量管理 14 条"，开启全面质量管理的先河，戴明首先提出了 PDCA 循环的概念。

1951 年，戴明质量管理奖设立。

1954 年，彼得·德鲁克出版《管理的实践》。

1967 年，菲利普·科特勒出版《营销管理》。

1969 年，彼得·德鲁克出版《不连续的时代》。

1973 年，明茨伯格出版《管理工作的本质》。

1980 年，迈克尔·波特出版《竞争战略》。

1982 年，托马斯·彼得斯出版《追求卓越》。

1985 年，Excel 1.0 首次发布。

1988 年，美国质量管理大师约瑟夫·朱兰出版《质量规划》。

1990 年，迈克尔·波特出版《国家竞争优势》。

1993 年，钱皮和哈默出版《企业再造》。

1990 年，美国心理学家约翰·梅耶和彼得·萨洛维于提出"情商"的概念。

经营意识：能为企业赚钱，才是合格的高管

原则

能为企业赚钱，才是合格的高管。

释义

学校存在的目的是教书育人，慈善组织存在的目的是社会公益，企业存在的目的就是盈利。企业的高级管理人员对企业的经营负有领导责任，因此，能为企业赚钱才是合格的高管。

此时的财务人员应该淡化自己的财务属性，首先把自己当作经营者，然后再突出自己的财务专业特征。企业高层来自不同专业，除了总经理和财务负责人以外，通常还有分管人力行政的副总经理、分管运营的副总经理、分管营销的副总经理、分管工程物业的副总经理。

生活不分文理，做人没有专业。要想成为优秀的财务高管，应该摒弃专业门户之见，从人力行政副总身上学习团队管理、人员招聘、行政工作安排，从运营副总身上学习产品设计、店面布

置、经营技巧、客户服务，从营销副总身上学习营销方案规划、渠道建立，从工程物业副总身上学习设备运行规律、安全管理、应急处理，从总经理身上学习战略制定、资源整合。

我们财务人员常听人说"一名优秀的 CFO 可以随时接任CEO"，通常的理由是 CFO 是最了解企业经营全貌的人，具备先天的信息优势。但这种说法显然存在问题，如果从数据方面讲，财务当然比其他工种更了解企业的经营信息，但从对总经理的工作要求来讲，最重要的是决策能力，全面了解经营信息是必要的，但不是最重要的。

财务人员如果要把"成长为 CEO"作为工作目标，就必须集百家之长，培养经营思维，深入熟悉公司业务，积累商业经验，拓展社会见识，多接触人，及时把握市场动态及发展趋势，参与到业务创新策略的创建和制定中，快速响应业务的项目开展需求，评估和建议市场运营活动方案及执行效果的情况，从财务管理和数据的角度不断总结和优化运营的效果。

🔆 方法

作为财务人员，为企业赚钱的切入点无非是两个方面：开源和节流。

一、开源

要做到为公司开源，常见的方法有争取财政补贴、积极推销本公司产品。

1. 争取财政补贴

财政补贴一般包括税收返还、贷款贴息、政府奖励等。这方面主要决定于外界的政策环境。只要财务人员与中介机构和政府机关保持密切联系，随时获取最新政策信息，积极主动争取即可。

2. 积极推销本公司产品

财务人员要有销售意识，向银行、税务局等联系密切的渠道积极推销本公司产品。生活处处是营销，找工作是营销自己的才能，说服别人是营销自己的观点，找对象是营销自己的魅力，汇报工作是营销自己的成果，做企业是营销产品和服务。作为高层财务人员，要有营销意识，既要会包装自己，也要抓住一切时机推销本公司的产品和服务，树立全员营销的典范。

二、节流

要做到为公司节流，常见的方法有做好纳税筹划和招标采购工作。

1. 纳税筹划

要做好纳税筹划，财务人员需要实时跟进国家的税务政策，经常浏览国家税务总局网站发布的政策，与当地税务局沟通了解最新的实施细则，以及有没有正在积极推进的补贴方案。

当然，有的财务人员说，税收法律法规、规章那么多，各地方税务局又有很大裁量权，实在很难做出专业的纳税筹划方案。

其实，纳税筹划听着高大上，实际没有想象的那么高深，每个企业所处的行业、阶段、地区都是有限定的，税务筹划的方案也是有限的，不需要漫无边际的想象。

同行业参考的案例有很多，自己如果不会，多问问同行就知道了。也可以聘用专业的税务咨询机构，由他们代为设计方案。

总之，就是要多学、多看、多问、多跑，并学会借助外力，在当前国家减税降费的大背景下，一定会大有作为。

小资料

近期国家减税降费政策一览

2018 年初，《政府工作报告》确定了规模达 1.1 万亿元的减税降费目标，此后又出台了促进实体经济发展、支持科技创新等一系列措施，使全年减税降费规模达到 1.3 万亿元以上。

2018 年 9 月 11 日，国务院常务会议再次对减税降费做出重要部署，确定了落实新修订的个人所得税法配套措施，决定完善政策，确保创投基金税负总体不增，并明确抓紧研究适当降低社保费率。

2018 年《政府工作报告》确定了超万亿元规模的减税降费政策，此后又"加码"出台了新的举措。一系列政策已密集实施，特别是深化增值税改革和个税法修订，被视为税制改革的重大跨越，减税效果明显。

2018 年 9 月 18 日召开的国务院常务会议明确要求把已定减税降费措施切实落实到位，确保社保费现有征收政策稳定。同时抓紧研究提出降低社保费率方案，与征收体制改革同步实施。

2018 年 9 月 20 日，国家税务总局印发《关于进一步落实好简政减税降负措施更好服务经济社会发展有关工作的通知》，再度强调要不折不扣、不拖不延地落实好各项简政减税降负措施，更好地营造稳定公平透明、可预期的税收营商环境，为市场主体添活力，为人民群众增便利。

2018 年 9 月 21 日，财政部、国家税务总局、科技部联合发布通知，明确了将企业研发费用加计扣除比例提高到 75% 的政策由科技型中小企业扩大至所有企业。

2018 年 10 月 8 日，国务院常务会议确定了完善出口退税政策加快退税进度的措施。此前，财政部部长刘昆表示，正在研究更大规模减税、更加明显的降费措施。从现实可能性看，减税降费确有一定的空间。比如，作为第一大税种的增值税，可以结合税率简并进一步下调。再如，我国社保费率虽然在近年来多次降低，但总体水平仍接近 40%，企业普遍反映负担较重。在社保费交由税务部门统一征收后，征管能力和征管效率提升，应抓住改革时机，推进降低社保费率。减税降费要取得实效，一定要针对企业"痛点"，采取有针对性、有力度的措施，切实减轻负担，真正让企业轻装上阵。

2018 年 12 月 13 日，《国务院关于印发个人所得税专项附加扣除暂行办法的通知》发布。

2018 年 12 月 18 日，中华人民共和国国务院令第 707 号第四次修订《中华人民共和国个人所得税法实施条例》，自 2019 年 1

月 1 日起施行。

2019 年 5 月 10 日，中共中央政治局常委、国务院总理李克强主持召开专题座谈会，就减税降费政策实施情况听取企业负责人意见建议。

2019 年 6 月 27 日，记者从国家税务总局获悉，2019 年 1~5 月，全国累计新增减税降费 8930 亿元，有 1.09 亿人的工薪所得无须再缴纳个税。

新增减税降费的 8930 亿元中，新增减税 8168 亿元，新增社保费降费 762 亿元。税务总局相关负责人介绍，新增减税中，2019 年新出台减税政策共新增减税 3511 亿元，其中深化增值税改革新增减税 2218 亿元，小微企业普惠性政策和个人所得税专项附加扣除政策产生新增减税 917 亿元。

——来自百度词条

2. 招标采购

哈佛教授迈克尔·波特认为，企业可以实施差异化、低成本、聚焦三种竞争战略。

其实，无论是三种战略中的哪一种，低成本都是必需的，只不过侧重程度不同而已。

企业通过设置完善的招标采购政策，充分比价，可以迅速节约大量成本。我在地方公司工作期间，通过筛选合格供方、规范采购程序，每年可节约成本 1500 万元以上。

采购方式通常有招标、直接委托、零星采购三种，根据金额不同，采取不同的方式。金额较小的采取零星采购方式，金额较大的采取招标方式，金额适中的采取直接委托方式。

招标需要编制正式的招标文件，规定投标方资格要求、采购产品和服务的技术要求，经过发标、回标、评标、定标等一系列程序，选取技术指标、价格水平综合最优的单位作为供方，整个过程受《合同法》和《招标法》的约束，投标方具有要求公平、合法参与竞争的权利。

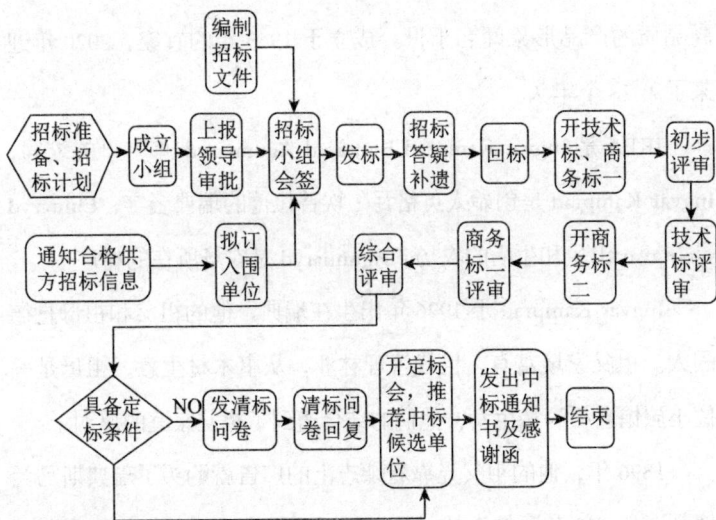

直接委托可理解为简化版的招标，向合格供方发送报价文件，并要求供方在规定的时间将盖章的报价文件，密封送达规定的地点，两部门三人以上对报价文件组织拆封并记录，检查无误

后在《拆封记录表》上签字，根据比价结果确认拟委托单位并签署合同。

零星采购则更为简化，不需要正式报价文件，不需要签署采购合同，直接由使用者通过电话问询、现场问询等方式选取供货单位，由于缺乏制约机制，只适用于金额较少、事出紧急的情况。

案例

宜家的经营之道

来自瑞典的家居零售商 IKEA，以其简洁、时尚、低价位、高品质的产品形象闻名于世。成立于 1943 年的宜家，2020 年迎来了第 78 个年头。

IKEA 是 Ingvar Kamprad Elmtaryd Agunnaryd 首字母的缩写，Ingvar Kamprad 是创始人英格瓦·坎普拉德的瑞典名字，Elmtaryd 是 Ingvar 出生和生活的农场，Agunnaryd 是农场所在的村庄。

Ingvar Kamprad 于 1926 年出生在瑞典，他的祖父和祖母是德国人。祖父家境富有，世代管理林业，从事木材生意，祖母是一位小旅馆老板的私生女，他们的结合遭到了祖父家庭的反对。

1896 年，他的祖父光靠着杂志上的广告就购买了瑞典斯马兰地区一片 449 公顷的森林，跟妻子迁到异乡，那时他们连瑞典语都不会。来到瑞典后，他的祖父自暴自弃，流连于声色犬马之中，林场破产，于 1897 年贷款遭拒后饮弹自杀，留下三个孩子和尚未出生的第四个孩子。艰难的生活中，他的祖母成长为专制型的家长，严肃、固执、坚持，很有掌控力，有一种令人难以接近的气质。Ingvar Kamprad 的外祖父经营着镇上最大的商店，而他则从小就喜欢在外祖父的商店里跑腿。

Ingvar 从 5 岁时就喜欢做生意，他说做买卖的基因可能是与生俱来的。1943 年，Ingvar 17 岁时，在读哥德堡高等商贸学校之前，创立了 IKEA，经销圣诞卡片、钢笔等小商品，1948 年第一次印发《宜家通讯》，为附近的小家具厂销售家具，偶然走上了经销家具之路。

IKEA 的成长赶上了瑞典经济高速发展的阶段。20 世纪 30 年代瑞典经济起步，房地产和基础设施建设一路狂飙。50 年代经济开始向外扩张，宜家搭上了社会飞速发展的顺风车。如果没有政府的住房发展计划，没有民主改革，没有城市化进程、汽车和公路的发展，没有职业女性数量的增长，没有关于住房的社会改革，没有消费者游说团体力量的增强，宜家就失去了发展和扩张的前提条件，不可能如此顺利地得到广泛认可。

但当时家具行业竞争激烈，同行联合起来压制宜家参与家具展会，惩罚与宜家合作的加工厂，禁止宜家销售设计相同的产品，并且当时家具销售主要采取邮购目录的方式，消费者无法接触到真实的产品，不断加剧的行业竞争，使得全行业陷入低价、劣质的恶性循环。

在恶劣的行业环境中，宜家成功地将危机转化成转机，并最终确立了"低价、优质"的经营理念。

宜家产品的特色是价格低廉、简洁、耐用、好用，体现轻松、自然、不受拘束的生活方式，具备形态美和色彩美，能够传递幸福快乐，符合年轻人的口味，能够唤起所有年龄层人心中的那份青春。注重功能和技术质量，任何产品都应当经久耐用，带来长期的愉悦。

这与沃尔玛的天天平价、保你满意，小米的追求极致性价比的理念异曲同工。

实践证明，顾客还是识货的，不会一味贪便宜，而是明智地购买了性价比高的产品。Ingvar 也践行了他的信念：我的一生将被用于证明，有用的东西不一定是贵的。

宜家的第一条原则是维持低价位，必须不遗余力的营造低价的感受，显著低于竞争对手。每个产品线都必须开发出一款"低到让人不敢相信"的"热狗"产品，不是要比别人低一点，而是要拉开绝对的价差。价格一定要低到别人价格的三分之一到五分之一，让人瞠目结舌不得不买。如 5 克朗（1 瑞典克朗 =0.7032元人民币）的热狗，5 克朗的马克杯，18 克朗的英式啤酒杯，以远低于竞争对手的低价销售高质量的产品，而且不能以牺牲功能和技术质量为代价。

低价位来自低成本，低成本转成为低价格。Ingvar 特别节俭，特别注重节约成本，因为他知道，每一分钱都会转嫁到消费者头上。他总喜欢不停地比价，从买一瓶腌黄瓜到订酒店，从小贩那里买牙膏到胶合板、啤酒杯的价格都要来回比。他还提出了自助组装家具的想法，显著降低了运输成本和损耗率。

宜家的第二条原则是简洁和高品质。宜家走上自主设计的道路是由于其他销售商限制加工厂卖同样设计的产品给宜家，这反而促成了宜家独特的产品风格。

平面设计师伊利斯隆格列与 Ingvar 偶然相识于 1952 年，他和 Ingvar 相见如故，从此担任了长达 15 年的宜家首席设计师，他的设计兼顾了高品质和低成本，迎合了战后社会上产生的关于家具的新思潮：简洁就是美，朴实的东西适合朴实的大众。

英格瓦说，所有设计师都能设计出一张 5000 克朗的桌子，但只有最娴熟的设计师才能设计出又实用又好看，而且只要 100 克朗的桌子，昂贵的解决方案通常都平庸至极。

他认为，简单是一种美德，简单的思维创造更大的影响力，形式简单赋予我们力量，简单和谦逊让宜家员工彼此交往时，与供应商交往时，都自觉地保持本色。

为了让消费者亲身体验宜家产品的高品质，也为了突破被禁止参加展览会的封锁，宜家建立了自己的展销场地，以 1.3 万克朗购买了一栋大楼，设立了实体展示厅，让顾客亲身体验不同价位和质量的商品。开业当天为顾客提供免费食品，并常年提供餐饮服务，因为他们认为顾客饿着肚子是不会有心情购物的。展厅内设有儿童游乐场，海洋球项目大受欢迎。如今这栋楼价值 20 亿克朗，翻了 20 万倍。

《家居百科杂志》曾做过一次装修实验，对宜家的发展影响重大。他们装修了一个起居室，使用宜家家具花费了 2770 克朗，其他品牌家具 8645 克朗，而且经国家实验室证明宜家的质量比知名品牌还要高。正是由于这篇报告，宜家才广泛被中产阶级接受，出现在中产阶级的客厅里。去宜家购物不被当作愚蠢的选择，因为宜家的客户不仅会把钱花在刀刃上，而且品位高尚，人们买东西是很在意别人的眼光的，想塑造一种形象，并被别人认同。

这次测试也成了《家居百科杂志》的特色，不仅提高了销量，还为其带来了更高的声誉。自此，杂志社每年都拍摄一个年度经典家装设计专题，所有的产品都来自宜家。宜家也建立了自己的质量检测实验室，在每个宜家商场的入口都安装一台测试设备，当着所有顾客的面用机器对扶椅进行测试。

Ingvar 毕生追求的不仅是宜家的长盛不衰，更是希望它能够独立于任何国家而存在，但愿他梦想成真。

投资意识：懂投资，但不要去投资

💡 原则

懂投资，但不要去投资。

💡 释义

读者可能会觉得奇怪，为什么我们讲投资意识，却又说不要去投资。很简单，我们是打工的，钱是老板的，不是你的，投资是九死一生的事情，存在巨大的不确定性，亏了谁负责？

可是我们又不能不懂，老板要进入新行业，让你分析行业前景和竞争对手的情况，你如何着手？问你美元降息，货币增发的影响，你有什么看法？要投资一个新项目，测算投资收益状况，结果出来了，你有什么建议？新的国家政策出来了，问你有什么影响，你怎么解读？

如果我们不懂，怎么给老板建议？如果我们自己都没做过投资，怎么帮助老板更好地投资？

但是，作为职业经理人，我们首先要有一个觉悟，基本上我们不如老板懂投资，大多数职业人都是进入学校，接受学历教育，锻炼思维能力，学习专业技能，找到一份工作，赚取工资，工资几乎是唯一的收入来源，除了工资以外，少有其他赚钱模式，也缺乏在社会上闯荡的经验。

但老板不是，老板在社会上持续不断地的实践，学习各种赚钱模式，掌握现金流管理、人员管理、体系管理、商务谈判的技能，与不同的人打交道，建立自己的人脉圈，获得信息和资金，推销自己，不断地接触市场供求信息，寻找新的投资机会和赚钱模式，筹措资金，把精明的人组织起来，让钱为他工作，不断投资资产，获得被动现金流。既拥有基础资产，也拥有核心现金流，身经百战，经验丰富。

其次，投资已经超出了职业经理人的工作范畴。作为职业经理人，你必须懂投资，但是不能擅作主张。我们工作的本分是，收集分析信息，挖掘项目细节，提示风险，贯彻好老板的投资意图，最后做好投后管理。

💲 方法

投资的第一条铁律：安全第一

《孙子兵法》讲：战争的目标是什么？全而利。战争要在保全自身的情况下获利，功成身退。第一是安全，第二才是争利。

投资就是一场战争，到处充满陷阱。投资就是赚别人的钱，就像战争中要战胜对方，整个过程充满角力博弈。搞投资最重要的就是安全。

现代社会，骗局太多：你想要健康，有人用医药产品骗你；你想要财务自由，有人用投资骗局骗你；你想要提高英语，有人怂恿你贷款学习；你想要移民，有人用谎言和美梦迷惑你。在投资的事情上，一定要注意安全第一，安全第一，安全第一，重要的事情说三遍。

在投资的世界里，骗局比机会多，陷阱比馅饼多。查理·芒格也说："在投资中，我们长期努力保持谨慎且不做傻事，所以我们的收获比那些努力做聪明事的人要多得多，在投资中只有避免或减少犯错，才能实现超额收益的积累。"

千万不要觉得自己很懂，自作聪明，碰到一个项目就觉得是天赐良机，动不动就全部押进，十有八九逃不掉被收割的命运。

投资的第二条铁律：便宜是王道

老话说得好，利是买来的。一项投资是否赚钱，在购买时就已经确定，利润是买来的，不是卖来的。一桩投资要有利润，必须具备两个条件：廉价、有变化。老到的投资者购买不被大众看好的投资，然后耐心地等待增值，他们并不过分计较市场时机，他们就像冲浪者，时刻等待着下一个大浪来将自己高高托起，并在投资之初，就要想好买家是谁。

用九鼎实际控制人吴刚的话来讲就是价差是盈利的核心来源。价差包括基础价差和泡沫价差。基础价差就是买的便宜；泡沫价差就是趋势性机会，猪都能飞起来的风口，就是巴菲特口中"别人贪婪我恐惧"的时刻。投资成败不能寄希望于价差，买的便宜是赚钱的王道，泡沫价差需要天时地利人和，需要耐心等待。

💡 **案例**

希尔顿成功的秘密

康莱德·希尔顿（Conrad Hilton，1887—1979）是世界酒店业大王，他所创立的希尔顿酒店公司，在全球已拥有 200 多家酒店，资产总额达数十亿美元，每天接待数十万计的各国旅客，年利润达数亿美元，雄踞全世界最大的酒店榜首。

1919 年 22 岁的希尔顿开始涉足酒店业时，手头只有 5000 美元，1933 年 46 岁时身上只有 87 美分，到 1946 年 59 岁时却拥有身家 920 万美元，他是如何致富的呢？

希尔顿成功的秘诀就在于牢牢确立了自己的企业理念，并把这个理念上升为品牌文化，贯彻到每一个员工的思想和行为之中，饭店创造宾至如归的文化氛围，注重企业员工礼仪的培养，并通过服务人员的微笑服务体现出来。

但这并不是希尔顿成功的关键，希尔顿确实有经营饭店业的天赋，能够在短期内将经营不善的酒店扭亏为盈，但是他实现暴富，并不是靠每年的利润，而是两类资产增值。

一是在大萧条期间和"二战"期间以极低的价格收购酒店，并通过经营实现房地产增值。

二是公司上市，原始股增值，将未来的利润在短期内变现。

希尔顿的发家史大致如下：

1937 年以 27.5 万美元购买价值 410 万美元的弗朗西斯德雷克先生饭店，个人出资 7.5 万美元，其余资金借用杠杆，从芝加哥信托公司和几个朋友处筹措。

1938 年以 50 万美元购得价值 150 万美元的布雷克尔斯饭店。

1942 年以 85 万美元购买价值 300 万美元的洛杉矶汤豪斯饭店。

1943 年以 18 万美元购买价值 220 万的史蒂文森饭店。

1943 年以 740 万美元购买价值 1700 万美元的广场饭店。个人出资 40%，阿特拉斯信托公司出资 60%。

1946 年，希尔顿酒店公司成立，1947 年证交所上市，成为历史上第一家上市的酒店。个人股票价值从 224 万美元升至 919 万美元。

显然，要做到这些，需要具备以下才能：

（1）有捡漏的判断力和行动力。购买酒店时，希尔顿常常遭到其他人的反对，但他总是相信自己的预感。

（2）有从朋友和金融机构筹措第一桶金的能力。希尔顿的收购资金绝大部分都是借款，自有资金往往不超过 25%。

（3）有持续获得稳定现金流偿还贷款的能力，按时还本付息，并实现资产增值。稳定的现金流和不断提升的资产质量能够进一步提升融资能力，开启下一个机会循环。

但其实仅具备成功的才能是不够的，还得有逃脱失败的运气，熬得过冬天，希尔顿的一生遭遇了几次重大挫折。

1924年修建达拉斯希尔顿饭店时资金断流，希尔顿不得已开出空头支票，本想向邮政局长追回支票，却意外地得到邮政局长的借款度过危机。

1930年帕索希尔顿饭店开张后遭遇大萧条，债务违约，饭店被债主没收，身无分文。幸运的是债主邀请他担任总经理一起经营，并给予30%的股份，但不久因为与业主不合被踢出局，再次一无所有。经过3年的煎熬，才有7个人愿意借给他3万美元，重新租下帕索希尔顿酒店，一切重新来过，此时，他已经46岁了。最穷的时候，身上只有87美分。

之后的故事我们就知道了，熬过了大萧条，遍地都是贬值的酒店，希尔顿不断买买买，13年后，身家接近千万美元。

对于酒店业，住宿餐饮利润不是关键，关键是品牌管理带来的物业升值。要想获得财务的巨大增长，仅靠经营利润是不行的。首先要用借款杠杆撬动资产，其次要用资本市场实现几何级的增值，企业利润只是维持杠杆可负担的种子资金。

房地产加金融是挖不完的富矿，所有需要经营场所的服务业，财富的最终贮存形式都应该是房地产，否则都留不住。

融资意识：吸纳资金，为企业注入发展动力

原则

吸纳资金，为企业注入发展动力。

释义

每个企业的发展过程中都离不开借贷。企业自由资金不足，为了维持正常运营需要借款，加大投资扩大规模需要借款，为了解除流动性危机需要借款。资金是企业的血脉，是一般等价物，是通用结算凭证，是财富的终极贮藏方式。企业的经营从始至终都离不开资金的流通，企业可以没有利润，但不能没有现金。

融资能力应该是领导对财务高层最看重的能力，思想理念、经营意识、投资意识等都是锦上添花的素质。作为企业的管理者，在职场摸爬滚打多年，很多人都有自己的一套思想理念、经营手法、投资经验，即便你没有，老板也肯定有。但能否融到资金是硬功夫，老板也不太可能亲自跑融资，需要财务负责人一肩挑，拿到企业发展需要的资金。正如任志强所言"房地产是资金密集

型产业，资金量不仅制约着企业的发展速度和规模，也决定着利润的高低"。

房地产业如此，其他行业也类似，企业要想实现爆发式增长，仅靠自有资金进行内涵式增长是行不通的，必须要使用杠杆并借助资本市场。

总结招聘网站上年薪大于 100 万的财务岗位，我们会发现，几乎每一个岗位都需要融资能力、IPO 经验，常见的岗位要求有：

（1）负责公司融资、IPO 等上市相关的财务事务。

（2）提出对外融资方案，负责集团内部资金的融通管理。

（3）负责主导债权融资、并购融资、开发贷款、经营性物业贷款等融资业务，负责融资通道搭建，并为公司项目提供资金来源。

（4）负责国内外资本运作，参与审核战略研究和产业规划报告，审核资本市场分析报告。

（5）密切关注资本市场运行情况，制定公司财务战略与资本运营规划，建立国际化的资本运营平台。

（6）负责集团融资体系的建设、完善、运行和优化，包括常规标准化融资及创新非标融资目标的完成及体系能力建设。

可见，企业财务人员必须精于资金管理，熟悉最新的融资渠道、融资方式、费用水平、操作程序，建立广泛的金融机构人脉资源，构建自己的消息网，了解金融机构的诉求，寻找双方的利益平衡点。

🔆 方法

要想胜任上述工作，财务人员需要在平时的工作中积累以下素质。

（1）注意建立广泛的人脉关系，积累融资资源，具备丰富的融资渠道，与融资机构、资本市场建立密切的联系，熟练掌握各种直接、间接的融资工具，与各大银行、中介机构、政府机关、财经媒体建立良好的合作。

（2）熟悉多种融资通道，熟练运用多种融资工具，精通融资方案的设计与实施。

（3）具有争取国内 A 股、香港 H 股等上市公司的工作经历，熟悉资本市场规则和规律及各种操作模式及经验。

（4）熟悉国家金融政策、企业财务制度及流程，精通相关财税法律法规。

（5）精通国内各类型项目的股权投资运作。

🔆 小资料

房地产融资模式一览

1. 银行融资：房地产开发贷、经营性物业贷款、并购贷款、按揭贷款、委托贷款、跨境贷款、内保外贷。

2. 信托：债权型信托、股权型信托、收益权型信托、组合型信托（如夹层融资）。

3.上市融资：境内IPO、境外上市、借壳上市、增发再融资。

4.债券融资：发行公司债、短期融资票据、中期票据、中小企业集合票据。

5.海外融资：外资并购、境外上市、海外发债、内保外贷。

6.券商资管、基金：定向资产管理业务、专项资产管理业务、集合资产管理业务、公募基金子公司专项资管计划。

7.合作开发：股权合作，共同开发，设置股权回购条款；设置内部合伙人制度。

8.民间借贷：利用互联网金融，向自然人、关联方借贷；企业间拆借。

案例

任志强和华远地产资本运作的得与失

任志强，原华远集团和华远地产董事长，中国房地产行业的领路人，房地产发展理论和规律的探索者，深刻地影响了房地产行业的发展走向、公众舆论方向和国家政策导向，号称"房地产界的总理"。

1951年，任志强生于北京，1980年后，从事过兔皮贸易、商店、打印社、餐厅、施工队等业务。

1984年加入北京市华远经济建设开发总公司（华远集团的前身）担任建设部经理，从此与房地产和华远结下了不解之缘。

1984年到2014年的三十年间，任志强带领华远走过了一段波澜壮阔的历史，主导华远进行了包括股份制改造、引入外资、在香港上市、发行可转债、与华润分家、成立新华远、在国内 A 股借壳上市等在内的一系列资本运作，堪称"地产界资本运作教科书"。

华远为北京市西城区区属企业，按照《企业法》注册成立，员工无法持股，也无法吸收社会资金，只能进行银行借贷，但是，这些情况是不利于企业扩大发展规模的。为解决上述问题，任志强决定引入股份制，这在当时看来是属于新事物。1993 年 3 月，华远集团成功对西城区华远建设开发公司完成了股份制改造，创立了北京市华远房地产股份有限公司（原华远房地产），总资产 12 亿元，注册资本 1500 万，开创了房地产企业股份制改造的先河。

1994 年，北京市华远房地产股份有限公司（原华远房地产）成功吸引外资入股，由华润集团旗下的华润创业与若干外资公司共同组建坚实公司，收购北京华远 70% 的股份，将公司改组为中外合资股份公司，成为国内首家中外合资股份制房地产公司，任志强被聘为董事长兼总经理。

1996 年 11 月，坚实公司以华润（北京）置地的名称在香港上市，其持有的唯一资产就是北京市华远房地产股份有限公司 62.5% 的股权。华润置地的上市融资获得的资金注入华远房地产，华远房地产注册资本因此扩充至 10 亿元，为企业发展注入极大动力。

华润置地的上司为华远搭建了境外融资平台，打通了境外融资渠道。1997 年，华远利用华润（北京）置地成功发行可转债，之后又经历多轮扩股，将注册资本扩充至 13 亿，将华远从区属的小公司迅速发展为当时中国最大的房地产企业。

同年，华润集团通过华润置地收购万科 2.71% 的 B 股股份，并与万科的大股东深圳经济特区发展集团洽谈，在 2000 年收购其持有的万科 8.11% 的股份，成为万科控股股东，准备合并万科和华远，打造一艘地产"航母"。

此时，华润集团通过华润置地持有华远房地产 70.4% 的股权，北京华远集团持有 13.1% 的股权，其他中小股东持有 16.5% 的股权，华润集团利用其控股地位，在收购万科一系列决策上忽视和损害了华远集团和其他中小股东的意见和利益，未能妥善处理华远和万科的发展关系，导致 2001 年任志强宣布辞去华远董事长职务，华远集团将所持有的华远地产的股份出售给华润，并收回华远品牌，华润与华远正式分家，结束了 7 年的合资之路。

2001 年底，任志强成立北京华远新时代房地产开发有限公司，开启了第二次创业。

2008 年 8 月，华远借壳幸福实业上市，再一次进入资本市场，但华远选择上市时机不佳，2008 年恰逢金融危机、A 股股灾和政府对房地产行业的连续调控，华远错失了从资本市场再融资的机会，一步落后，步步落后。

虽然目前华远的地产总资产、净资产、收入规模在行业内仅排在三四十位左右，但其净资产收益率却远超很多龙头企业。

回顾华远地产的资本运作之路，任志强敢闯敢试，把握时机，果断地引入外资，搭建境外融资平台，让华远在短短几年间实现了跨越式发展，但由于控股股东和其他股东在经营管理、投资决策等一系列问题上的利益冲突导致了后来的分道扬镳，再次创业的新华远虽然重新上市，但错过了再融资的大好时机，令人无限唏嘘。

风险意识：建立预警机制，防患于未然

原则

大风起于青萍之末，千里之堤溃于蚁穴。

释义

做到企业高层，接触到的人物各式各样，事务管理早已超出了自己的能力范围，面临的问题往往不同寻常，解决问题的方法也常常游走在规则边缘，个中风险极为微妙，需要细心玩味，准确拿捏，在法律法规、公司利益、领导意图之间反复权衡，寻找最佳方案。

我们必须要提醒的是，所谓风险，往往不是一眼就能看到的巨大失误，而是存在于细枝末节中，慢慢地积累，突然地变化，大风起于青萍之末，千里之堤溃于蚁穴，指的正是这个道理。

常见的风险来自四个方面：人的风险、资金风险、物的风险和数据风险。

这四个方面的风险稍不留神，就会导致职业风险，造成多年

的努力前功尽弃，满盘皆输。

1. 人的风险

常见的人的风险包括内外串通、贪污舞弊等法律风险，故意捏造事实、误导决策等品德风险，粗心大意、数据错误等技能风险。

2. 资金风险

资金是企业的命脉，这是不言自明的事实。现金重于利润，现金才是实实在在的资产，利润只是个统计口径。有现金才有利润，没现金，利润就没有意义。有利润，收不回现金，利润是空的；没现金，企业发展不起来，利润也无从赚起。

资金的风险就是来自资金不足，资金充足的话，不存在风险，不过是收益率低而已。

导致资金有风险的原因主要有人员舞弊导致资金流失，长贷短投、期限错配导致流动性危机，缺乏资金，错失大好投资机会，销售款形成呆账坏账，过度沉淀资金，倒闭在收回利润的前夕，等等。

3. 物的风险

财务不仅要关注资金，还要关注存货、固定资产、低值易耗品等物资的安全，资产是资金的转化形式而已，同样属于企业的财产，财务人员同样必须当好管家的角色。

常见的物的风险包括资产丢失、毁损、不知去向，不经审批就移动位置，管理混乱，出了问题归责不清，资产价值出现贬低迹象未及时处理等。

4. 数据风险

财务的本质就是收集、处理、反馈数据，数据本身就是财务部门的产品，数据方面的风险包括数据泄露、未经审批的披露、数据错误等。

数据方面的风险，轻则是操作失误，严重的则属于泄露商业机密，引起商业竞争对手发起攻击。

💲 方法

1. 建立预警机制，防患于未然

我们以房地产企业为例，所有的房地产企业都有这些共同点：快节奏，高压力，重执行，加班多；回款快，缓付慢，高周转，踩节点。

这跟房地产项目的特点有关。房地产是资金密集型行业，可以看作是类金融企业，必须重视销售和现金流，其次才关注利润。现金流转顺畅，利润是自然而然的事情。

房地产是短周期行业，必须加班加点，必须抓住拿地和销售时机，房地产的施工环环相扣，必须强调抓紧节点。

比如碧桂园的杨国强说，一切要为了销售，要以销售为中心，要求每年资金要周转两次，净利润率不低于10%，要以收定支，先收后支，收大于支，而且还以数字的形式总结了几套资金定律。

（1）"567 法"：5 个月开盘销售，6 个月现金回笼，7 个月资金收支平衡。

（2）"4568 法"：4 个月卖楼，5 个月回款，6 个月现金流为正，8 个月再投资。

（3）"789 法"：新项目开盘一周去化率不低于 70%，一个月不低于 90%，买地后首期开工需销售 80% 的货量。

恒大的许家印也认为，付款方式比地价更重要，要采取快进快出、滚动开发的模式，速度是最重要的。速度快，不仅可以降低开发成本，还可以加速资金回笼，赢得市场。没有速度，就无法形成规模。有了土地储备，就必须加快楼盘，整体靠速度，以速度求效益，以速度求发展。采取首期低价，价稳后抬价的营销策略，为客户营造"现在很值，未来会涨，再不买就没了"的感觉。同时不能一次开太多，防止多点开花，成本全面铺开，但资金不能同步回笼的情形。

2. 感官敏锐，关注细枝末节

在安全管理领域，有一个安全三角形理论，原理就是大事故来源于小事件的积累，日常关注小事件就可以有效避免大事件的发生。下图为游客安全三角形。游客安全受到威胁的情形有四种：最轻微的是一般救助，也就是游客受到轻微伤，不需要医疗处理；第二种是需要医疗处理的轻微伤，比如贴个创可贴之类的擦伤；第三种是轻伤，比如游客脚踝扭伤；最严重的是重伤和死亡。这四个级别的严重性逐级递增，有效避免更高级别事故的方法就是重视低级别事故，而不是仅重视高级别事故。事故的发生在某一个瞬间来看是偶然的，但长期来看是小问题积累的结果。安全监督人员会要求营运人员每天上报四类事故的发生数字，以此不断强化营运人员的安全意识，及时消除细微隐患。

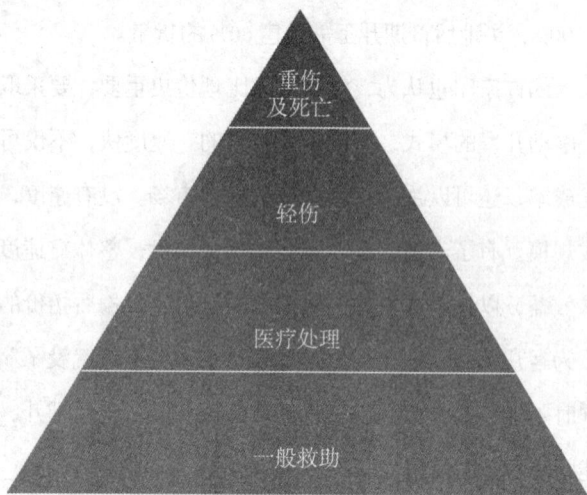

同样的，做管理者的要眼观六路，耳听八方，多观察，多思考，就像福尔摩斯探案一样，在蛛丝马迹中发现不同寻常的现象，要知道现象不会说谎，迈开腿，张开嘴，多下现场，多跟人聊天，不要指望有人会主动向你报告问题，也不要指望通过他人的正式报告来了解真相，因为正式的报告可能经过多人的手，早已面目全非。

🔖 案例

胡雪岩的崛起与败落

胡雪岩，本名胡光墉，字雪岩，中国近代著名红顶商人，涉足钱庄、典当、丝绸、药材等生意，成为清末巨富，捐班道员，加布政使衔，官居从二品，戴红顶子，赏穿黄马褂，显赫一时，其母亲受封一品诰命夫人，荣耀加身，无出其右。

历史上乾隆年间有戴红顶子的，但戴红顶子又穿黄马褂的，中国历史上只有胡雪岩一人。

胡雪岩的一生，成也现金，败也现金。他靠着官府的公款崛起，也因政治斗争而败落。

1823 年，胡雪岩生于安徽绩溪，13 岁迁居杭州，先后在金华火腿店和钱庄里当学徒。因天资聪慧，为人处世周到灵活，天生一双"四面八方都照顾得到的眼睛"，受到钱庄老板重用，负责坏账的收取工作。

一次偶然的机会，胡雪岩认识了王有龄。当时的王有龄已有 30 岁，其父王燮署理云南昆明各县，曾为王有龄捐了八品盐大使的职缺。后来其父不幸早逝，自此家道中落。王有龄虽有盐大使的名额，但是没有去京城领取任命的盘缠，每日里在茶馆里消磨时间，长吁短叹。

胡雪岩慧眼识珠，认为王有龄以后必成大器，背着钱庄把收来的坏账五百两银子借给王有龄。王有龄果然时来运转，在进京途中遇到小时候陪他读书的书童何桂清。

那时的何桂清已经今非昔比，官拜江苏学政，高居二品。何桂清幼时家贫，其父亲是王有龄父亲的家丁，王有龄父亲认为何桂清是可造之才，资助他与王有龄一起读书。何桂清不忘旧恩，帮助王有龄谋得七品浙江海运局的差使，管理漕运。

漕运即皇粮的征缴和运输工作，是个肥缺。王有龄为了报答胡雪岩，利用官府资金，协助胡雪岩创建了阜康钱庄。按照朝廷规制，财政资金存于钱庄是不需要支付利息的，胡雪岩利用这笔无本资金，开始了辉煌的一生。

钱庄类似于现代的银行，经营的是资金存贷款业务。钱庄筹集社会资金用于放贷，赚取利息差。只要控制好贷款坏账率，管理好资金头寸，存款人取款时可以拿出现银，就不会有风险，技巧全在八个坛子七个盖，盖来盖去不穿帮。

凭借灵活的经营手腕，敏锐的商业嗅觉，胡雪岩又涉足典当、丝绸、药材生意，短短几年就积累起巨额财富。

太平军攻打杭州，王有龄战死。之后，胡雪岩又结识了左宗棠。左宗棠当时与曾国藩、李鸿章一样，办理地方武装，清缴太平天国，军功赫赫，圣眷正隆。

左宗棠调任陕甘总督，筹划西征，胡雪岩帮助左宗棠筹粮筹饷，购买军火，由胡雪岩的阜康钱庄出面接洽洋人，从外国银行贷款，购买军火粮食，赚取采购佣金、贷款佣金和利息差。左宗棠负责协调各省缴纳财政资金，归还外国贷款。通过与左宗棠的合作，胡雪岩步入人生巅峰，捐了二品道台，戴红顶子，赏穿黄马褂，人称"胡财神"。

李鸿章与左宗棠斗法，决定从铲除左宗棠的羽翼胡雪岩入手。左宗棠调任两江总督，分管江苏、安徽、江西，其手下有位叫邵友濂的，在上海负责征缴各省财政资金，然后交付胡雪岩归还外国贷款。李鸿章是合肥人，两江是他起家的地方，根基牢固，而邵友濂正是李鸿章的心腹。他们密谋从外国贷款上着手，击垮胡雪岩。当时是光绪九年，胡雪岩需要归还本金一百八十万两，四月付第一期，十月付第二期，每期各五十万两。以胡雪岩的财力，这点钱难不倒他。

正所谓"时来天地皆同力，运去英雄不自由"。胡雪岩的成功源于因缘际会，天时、地利、人和各方配合，乘势而起；胡雪岩的败落也是机缘巧合，各种不利因素综合集中作用的结果。

胡雪岩常年不经手具体业务，十分大意，外国贷款还有十八天到期时，他才开始着手处理，派上海阜康钱庄负责人宓本常联络邵友濂拨款。当时邵友濂手中已有充足资金，打定主意击垮胡雪岩，拒不拨付，胡雪岩碍于面子没有求助左宗棠。此时法国正在侵略越南，上海也受到影响，市面恐慌，现银根本就非常紧张，李鸿章手下散播阜康没有足够资金归还外国贷款谣言，引发客户挤兑。其实，上海阜康虽然没有足够现银，但胡雪岩家底甚厚，各地钱庄分号有多处，典当行二十九处，价值两千六百万两，还有生丝价值八百万两，足够归还外国贷款。

好巧不巧，上海阜康钱庄负责人宓本常一直以来挪用公款，眼看客户挤兑担心自己的丑事东窗事发，便以筹款为幌子，逃回了宁波老家。胡雪岩早就知道宓本常的问题，却一直没有下定决心处理他，仍安排他联络邵友濂，自己一人回杭州筹办小女儿的婚事去了。

在胡雪岩回杭州的路上，上海阜康关门的消息就已经早他一步传到了杭州和各地钱庄。他在船上一无所知，家中螺蛳太太精明强干，代他处理，但毕竟人头不熟，只能请交情好的官员维持店面秩序。

等到胡雪岩回到杭州的时候，局面已经进一步恶化了。

各地典当行负责人多年来都像宓本常一样，贪污挪用公款，典当行早就成了一个空架子，拿不出现银，药店胡庆余堂一时也无人接收，很多高管在阜康钱庄里存了银两，纷纷以保护公款为名要求冻结阜康账户，眼看局面越发难以收拾了。

当时，胡雪岩也有脱困的机会。他为了保护江南养蚕人和手工缫丝人的生计，与洋人的新式缫丝厂对抗，囤积了价值八百万两的生丝，拒不卖给洋人，企图拖垮缫丝厂。但他迟迟没有下定决心折价出售，等到想出售的时候，恰逢欧洲生丝丰收，洋人已经不需要买胡雪岩的生丝。此时胡雪岩的人身也遭到官府监管，无力回天。

不久，朝廷发来谕旨，将胡雪岩革职查办。

1885 年，胡雪岩在贫恨交加中去世，享年 62 岁。

人际意识：协调好内外关系，沟通起来更高效

🔋 原则

一个人的成功，15% 靠专业，85% 靠人际关系。

🔋 释义

财务是企业信息的中枢，也是人际关系的中枢。

对内，财务要跟所有的部门打交道，收集各部门产生的经济信息，审批销售政策、支付申请，考核各部门的业绩；对外，财务要跟税务局、中介机构、金融机构、资本市场、同行打交道，少不了交际应酬，请人帮忙，也帮助别人的情况。

偏偏财务又是监督部门，常常需要说"不"，有些财务人员就养成了生硬冰冷的做事风格，思维习惯常常是这也不行，那也不行，拒人于千里之外。

这种为人处世的风格，很难让人取得更大的成功。

美国一项研究表明，一个人的成功，15% 靠专业，85% 靠人际关系。

现代社会是社会化大分工的社会，分工的目的是为了更好地合作，不是为了分工而分工，没有合作意识，就把自己做窄了。

财务人员应该意识到，财务本身仅是自己安身立命的一种技能而已，不是自己的全部，我们首先是生活在社会上的人，然后才是某个公司里的财务人员。

做工作必须严谨，但做人必须灵活，与公司内部的领导、同事相处时，要遵循与人方便、与己方便的原则，监督的同时，提供令人满意的服务，让别人满意，别人才会满意我们，才能让我们满意。

与公司外部的人相处，要将心比心，换位思考，站在互通有无、优势互补的角度，整合资源。俗话说，人抬人高，人踩人低，成全别人的同时，其实也是在成就自己。

💡 方法

人和人之间的相处之法，贵乎"自然"二字，一切都顺其自然。顺其自然不是消极的放任，而是不强求，既不强求别人，也不强求自己，掌握好分寸，把握好平衡。

自然之妙在于"诚"，对别人诚恳，对自己真实，既不欺人，也不自欺。

人际关系是隐形的，你不知道人和人之间有怎样的关系，最优的策略是与人为善，广结善缘，不要在他人面前品评别人，既不要特意夸赞，更不能特意贬损，闲谈莫论人非，静坐常思己过，心里可以有是非，但嘴上不能有是非。

要学会看人的长处，忽略别人的短处。生活中总有一种人，喜欢批评别人，指责别人的短处。这就是一种是非思维，只关注对错，不关注利害。殊不知，来说是非者，便是是非人，即便自己的观点正确又怎样，白白得罪了别人，况且自己的观点也未必正确，正确也带不来什么，或许听者有心，认为你是一个苛刻的人，修养不够，不如多学习人家的长处，自己还能有所得。

总之，在现代社会中各行各业的人都有，各自具有不同的能力、不同的资源，讲究的是互利合作，互通有无，而不是谁将谁比下去，不妨效仿下顺丰快递的创始人王卫的做法，"在别人面前，把自己的位置放低点，对自己的要求放高点，在这一高一低之间就有了学习的空间"。

案例

人际关系大师杜月笙

杜月笙，清末民初上海滩青帮老大，号称"三百年帮会第一人"。

1888 年 8 月 22 日，杜月笙出生在上海高桥镇，2 岁丧母，4 岁丧父，14 岁只身闯荡上海滩，以卖水果为生；24 岁拜在法租界华人捕头黄金荣门下，当赌场保镖，因尽心照顾黄金荣老婆林桂生、破获鸦片抢劫案、妥善处理同门兄弟私吞鸦片案，而受到黄金荣赏识；27 岁开始自立门户，结交梅兰芳、孟小冬、马连良等戏剧名伶以及胡蝶，阮玲玉等电影明星，同时与文化大师章太炎成为至交，门生遍布上海新闻界；38岁开了烟土公司和5家赌场；42岁创办中汇银行，进军金融业，开面粉厂，涉足航运、纺织业，成为上海面粉业、纺织业协会理事长；他积极抗日，47岁担任中国红十字会副会长，救助难民；50岁协助戴笠建立"人民行动委员会"，铲除汉奸，后来该会实际上成为"中国帮会总舵"；1949年，杜日笙全家搬到了香港；1951年病逝，享年63岁。

杜月笙没上过学，大字不识，他能在鱼龙混杂的上海滩闯出一片天地，他的成功，完全就是人际关系的成功。在包括黄金荣、张啸林在内的上海滩三大亨之中，他是有名的会做人。

他说，钱财用得完，交情吃不光。所以别人存钱，他存交情。存钱再多不过金山银海，交情用起来好比天地难量。他一生经手钱财亿万，但喜欢仗义疏财，临终时只有10万美金，并坚持烧掉别人的欠条。

他说，他的处世之道，尽在一个"诚"字，人必须诚恳，即使有人欺瞒他，他也愿以"诚"字来感动对方。

他视钱财为身外之物，把第一次为黄金荣卖命获得的2000块现大洋分给以前帮助他的兄弟朋友，这些人成为他后来自立门户的班底。

他做事讲究"刀切豆腐两面光"。黄金荣为争夺露兰春打了卢筱嘉，被卢筱嘉和何将军绑架。他邀请卢筱嘉和何将军入股烟土公司，救出黄金荣，同时安排黄金荣拜何将军母亲为干妈，既替卢筱嘉出了气，又借何将军的势力保护烟土公司，也挽回了黄金荣的面子，一举三得。

邹韬奋在其创办的《生活》周刊上不断抨击杜月笙，但他没有鲁莽地砸掉杂志社，相反却帮助邹韬奋躲开警察的追捕，化干戈为玉帛。

他的一生，交友广泛，朋友遍布政界、军界、商界、学界、文艺界等各行各业，在上海具有极高的威望，被公认为各类矛盾纠纷的调解人。

他舍财求交情的风格促成他从青帮分子跻身社会名流，使他达到了帮会中人前所未有的高度。

产业高度：降维打击，懂产业才能懂企业

💰 原则

降维打击，懂产业才能懂企业。

💰 释义

哈佛教授迈克尔·波特在《竞争战略》中里提到分析产业结构和竞争者的一般框架。

产业竞争状态取决于五大竞争力量，包括供应商、买方、潜在的进入者、替代品、行业竞争者。

行业的盈利水平取决于五大竞争力量的强弱结构，企业的盈利水平取决于企业自身对五大竞争力量的应对能力，产业结构在决定企业盈利水平方面比企业内部力量更为重要，因为外部力量会影响一个行业内部的所有企业。

做企业不能只见树木，不见森林，眼睛不能只盯着企业的内部问题，要时不时地地抬头看看外围环境。

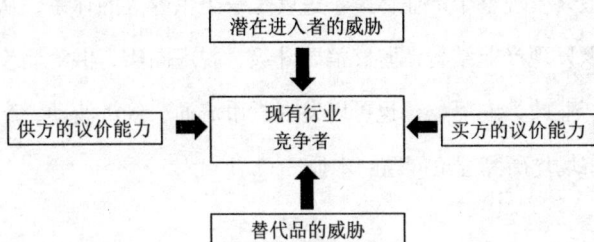

企业经营中有的问题是内部问题，比如管理混乱、人浮于事、内部争斗、浪费严重、产品低劣，有的问题却不是内部问题，需要站在产业链的高度俯视，本级的问题要拿到上一级去解决。比如行业竞争加剧，利润率持续走低，原材料价格连续上涨，客户不断流失，销售渠道结构发生重大变化，未必是企业自身的问题，而是行业变迁的先兆，需要企业主具备产业链高度和战略眼光，沿着产业变迁的方向，提前应变，主动布局，规避行业风险。

方法

传统上将产业划分为第一产业、第二产业和第三产业等三大产业，但是这种划分方式太过笼统，也过于学术。其实，在老百姓的日常表达里包含着对行业的朴素认知，比如"粮油肉蛋禽""棉麻毛丝""衣食住行""吃穿住游购娱"就是对产业的分类。

通过仔细研究国家统计局发布的《2017 年国民经济行业分类（GB/T 4754—2017）》，我将其中的各类行业编织成一张产业结构图，最终发现整个产业体系不过就是一个供养人的体系，从中我们可以发现产业结构调整、消费升级、脱虚向实、供给侧改革等国家产业政策的奥秘，也可以发现货币流通、经济波动、产业变迁、市场均衡等理论问题的本质。

国民经济产生结构图【简版】

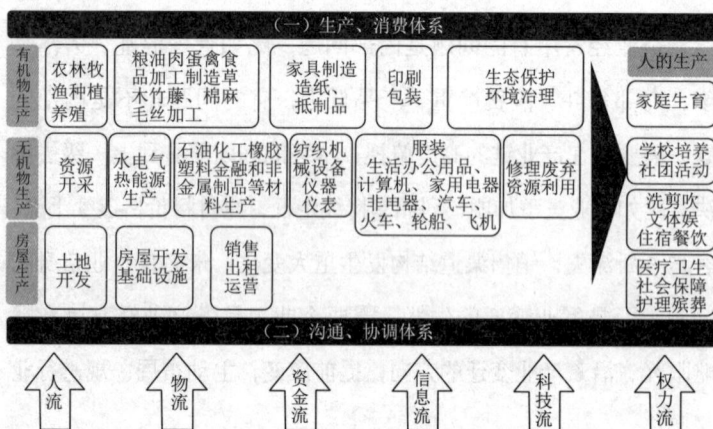

中国国民经济产业体系包括 23 个门类，96 个大类和更多的小类。整个产业体系可分为生产消费体系和沟通协调体系。

1. 生产消费体系

生产出用于"吃穿住用行游购娱"等用途的商品或服务。生产消费体系横向从左到右可依次分为：田野生产到工厂加工，到修理处置三个环节；纵向按照产品类别可分为有机物的生产、无机物的生产、房屋的生产、人的生育四类。

（1）有机物的生产

是指利用农林牧渔等有机资源生产的产品，包括各种有机食品，如鸡鸭鹅、猪马牛羊、鱼虾蟹贝、粮油肉蛋禽、瓜果蔬菜、海藻海带、烟酒糖茶、草木竹藤棕、棉麻毛绸皮等。

（2）无机物的生产

是指对煤、石油、天然气、有色金属、黑色金属、非金属等矿产资源的采掘，以及利用这些矿产资源生产产品。整个产业链条从左往右依次是，从资源的采掘，到水电气热等能源的生产，再到化学原料、钢铁、电解铝等材料的生产，再到生产加工设备，最后到生活办公用品、交通工具等。

（3）房屋的生产

包括土地开发，各种工业、商业、办公、住宅等形态房屋的开发，道路管网、基础设施的建设，以及商业物业、住宅物业等各类物业的出租、管理、运营。

（4）人的生育

人既是生产要素之一，也是一种产品，人的生育也就是生产人。人在家庭里孕育，在学校和社会团体里接受教育和培训，在餐馆和宾馆里吃住，在理发店等居民服务业接受生活服务，在体育和娱乐业里享受玩乐，在医院里维修保养，最终在殡葬服务中安息。

2. 沟通协调体系

沟通协调体系包括人流、物流、资金流、信息流、技术流、权力流等六部分，用于沟通生产消费体系，这六类沟通形式编织出一张互联互通的网，渗透至生产消费体系的各个环节。

案例

从产业结构图看中美经济体的运转速度

要了解任何一个系统，最重要的一件事情是了解它的运转速度。比如人体的新陈代谢速度、企业的经营速度、经济体的运转速度。一个主系统由众多子系统组成，主系统的速度由子系统的速度决定。比如钟表的速度由齿轮的速度决定，人体的速度由器官、细胞的速度决定，企业的速度由部门、员工个体的速度决定，经济体的速度由各行各业的速度决定。

产业结构图将经济体分为四大生产体系和六大协调体系，根据这些分类，我们可以将中美两大经济体的速度差异归纳为七个方面，按照各个方面的影响范围和深度，排序如下：

（1）权力规则的协调速度。

（2）货币流通速度：包括货币创造速度、货币结算速度。

（3）信息传递速度。

（4）技术创新速度：包括新技术的产生速度、新技术商用的速度。

（5）物流速度。

（6）农业、工业、建筑业等生产体系的运转速度。

（7）人流速度。

美国的强项在于货币创造速度、信息传递速度、技术创新速度和生产加工速度，分别体现为发达的金融体系、以 Facebook 和 CNN 为代表的发达的传媒行业、专利制度保护下的基础科技创新能力、良好的营商环境、工业化的农业和机械化的建筑业。另外，英语作为世界通用语言，增强了美国的信息通信能力，他们可以花费更少的时间和经济成本通信全球，而汉语的难学众所周知，相较而言，中国人在学习英语上花费了很多时间和金钱。

中国在货币创造、技术创新等方面稍差于美国。中国专利保护环境正在不断的完善中，新技术产生速度还有待提高，模仿的违法成本低，所以商用速度快。我认为倒不是美国人不善于模仿，而是法制环境不允许。中国金融体系处于强监管环境之中，货币创造速度低，但从另一个方面看也意味着央行对货币政策的掌控能力更强。

我们中国也有自己的强项。比如权力规则的协调速度非常高效，中国社会制度具有集中力量办大事的优势。

总长 3 万千米的高铁、迅速发展的滴滴打车等交通方式，极大地提高了人员的流动速度，将全国编织成一张朝发夕至、从门口到门口的交通网。

从 1993 年开始逐步发展的以三通一达 + 顺丰为代表的民营物流业，创造了每年达 500 亿件以上的快递量，当日达、次日达已经成为常态。

QQ、微信改变了信息沟通方式，提高了信息沟通的速度，将全国人民以空前灵活的方式组织起来。

支付宝、微信支付等第三方支付大大提高了货币的结算速度，方便程度遥遥领先于欧美发达国家。虽然我们在技术原创性上较落后于发达国家，但在新技术商用速度上补齐了短板。其实，创造和应用同样重要，创造的目的在于应用，无法应用的创造，其价值将大打折扣，大规模的应用才能赋予创造以生命力。

自新中国成立 70 年来，我们从全面落后走向局部领先，未来将走向全面领先，我们从贫穷走向富裕，从吃不饱穿不暖到现在人们从早到晚把"减肥"二字挂在嘴边，中国的发展举世瞩目。

国家大势：时势造就英雄，英雄审时度势

💡 原则

时势造就英雄，英雄审时度势。

💰 释义

经济是有周期的，经济周期就是经济波动，波动是经济的心跳，必不可少。企业的发展离不开时代背景，每个企业被裹挟在社会浪潮中，企业的命运，在社会大势中跌宕，在经济周期中波动，在行业风口中起落，在世事变幻中沉浮。有能力和运气的企业乘风破浪，缺少能力和运气的则随波逐流。总的来说，小钱靠勤，大钱靠势，靠着努力和能力，企业可以获得平均水平以上的盈利，但要一飞冲天，需要借助时代大势。但反过来讲，时代大势可遇不可求，努力比运气可靠，既要听天命，也要尽人事。

《孙子兵法》势篇言："善战者，求之于势，不责于人，故能择人而任势。……故善战人之势，如转圆石于千仞之山者，势也。"就是说，善于作战的人，追求的是有利的"势"，而不是

强求某个人，他能够选择恰当的人借势取胜。所以善战之人所造就的势，就像从高山滚木石，势不可挡。

我们常说"形势"二字。何为形，何为势？所谓形就是力的静态，所谓势就是力的动态。物理学动量定理提到 P=MV，即动量等于质量乘速度，可以理解为一个力产生的能量等于力的绝对值乘速度。这里的质量 M 就是形，是力的绝对值，动量 P 就是势，是力的运动趋势。

企业的发展腾飞，最好能造势，其次能借势，得势后乘势而起、顺势而为，形成大势所趋、势如破竹、势不可挡的局面，过程中审时度势，因势利导，最终取得时势造英雄的成果。如果已经失势、大势已去，兵败如山倒，就不要强为了。

方法

你能看到多远的过去，就能看到多远的未来，要想洞悉时代大势，需要鉴往知来，回顾文明的历史，解构社会运转动力。

阿尔文·托夫勒是美国著名的未来学家，他在《第三次浪潮》《预测与前提》《权力的转移》中指出社会运转规律可从 5 个方面考察：产业体系、信息通信、组织形态、权力分配和精神现象。

1.产业体系

产业体系包括三个方面：能源体系、生产体系、销售体系。本质上是人在物质方面如何供养自己，以产业体系为核心的社会运转方式塑造了一个人以观念为本质的精神世界。

2. 信息通信

信息通信指人与人、人与物、物与物之间是如何记录信息、传递信息的。如纸张、毛笔、照相机、复印机等记录信息的工具，烽火、信件、驿站、邮局、电话、电脑、互联网等传递信息的工具。

3. 组织形态

指人生活在什么样的团体、组织中。如家庭、学校、工厂、公司、社团组织、微信群等。

4. 权力分配

指谁在做出每一个具体的决策，谁在家庭、学校、工厂等组织中下达命令。

5. 精神现象

包括观念、态度、性格、行动倾向、各种亲密的关系、对成功的定义、价值观、哲学、道德、伦理、法律体系、假设系统、认知系统等一切看法、观点，是通过人脑加工生产的、带有主观特色的精神现象，无论如何称呼它们，其实就是尤瓦尔在《人类简史》中所说的"故事"，是精神世界的秩序。

人类社会至今经历了农业文明、工业文明和信息文明，在不同的文明中，5 种要素内部之间形成了复杂的系统，相互促进或抵消，此消彼长、互为因果、自组织、自平衡或失衡。托夫勒形象地称之为"浪潮"，浪奔浪涌，潮起潮落；有潮头，有波谷；有主导的，有次要的；有快的，有慢的；有高的，有低的；有相互碰撞的，有共同前行的。

1. 农业文明

农业文明的核心特征是家族化、非标准化。一个生活在农业文明中的人的一生可以概括如下：在大家族中长大，在私塾或官学中接受教育，长大后务农、做官或从商，与另一个家族联姻。由于产业不发达，个体必须依赖于家族，强调家庭团结、服从长者、尊重老人、君臣父子的等级观念，最重要的生产要素和财产是土地，以家庭和附近的田地作为生产单位，各生产单位之间基本没有合作关系，自给自足，基本没有交换关系，有村级的集市，几乎不存在全国性市场，信息依靠面谈和书信沟通，总之生活在家族化、非标准化的环境中。

2. 工业文明

工业文明的核心特征是群体性、标准化。一个生活在工业文明中的人的一生可以概括如下：在核心家庭长大，在工厂式学校接受教育，进入大公司进行群体生产，在市场上进行群体消费，接受大众传媒的讯息，与另一个人组成新的核心家庭，总之生活在群体性、标准化的环境中。

3. 信息文明

信息文明的核心特征是多样性、无人化。一个生活在信息文明中的人，他的成长经历可能如下：在多种多样的家庭组合中长大，在各种地点按需接受个性化教育，成为知识精英和技能个体户，通过某种平台聚拢一批个性需求者以谋生存，接受小众传媒的讯息，总之生活在多样性、小众化、非标准化的环境中。

案例

大势观澜：百年未有之大变局

我们现在处于急速、剧烈变化的年代，乃百年未有之大变局，如果仔细观察周边环境，可以发现以下现象。

2011 年前后开始闹民工荒，说明现有产业结构不赚钱了。

2015 年服务业 GDP 超过 50%，这是传统工业化结束迹象，美国发生在 1965 年。

2017 年城镇化率 57%，普遍城镇化结束，都市圈时代来临。

互联网从 PC 端转移到手机端，并逐渐发展为人工智能，越来越多的设备联网。

人们普遍重视东西的品质化了。

人们越来越鼓励个性了。

这些现象引发我们更多的思考。如果站在全球角度、历史纵深来看，和君商学院王明夫先生总结出当今世界的变化主要体现为四大特征：世界格局东升西落、中国经济进入新常态、经济结构转型、科技创新引领潮流。结合我个人的观察、总结，阐述如下：

1. 世界格局东升西落

美国著名历史学家斯塔夫里阿诺斯在《全球通史》中提到：

"1914 年以来，西方世界同时经历了衰落和成功。事实上，这两种看似矛盾的发展趋势是相互强化的。全球一体化的空前发展，导致西方的技术、观念、制度等以加速度进行扩散，但正是这种扩散削弱了西方的全球霸权。1914 年之前的西方世界看起来似乎是坚不可摧的，但殖民地人民通过有选择地吸收西方文明对西方进行了有效的抵抗。正因为如此，1914 年以来的世界历史同时见证了西方的衰落与成功。"

2013 年，中国开启"一带一路"政策，加速了东升西落的趋势。

"一带一路"开启了全球化从美国化到中国化的新时代，其实质是亚欧一体化和亚非一体化。

从唐宋盛世（公元 618—1279 年）到欧洲的崛起，从 1492 年发现美洲到 1914 年西方世界的衰落，东方的黎明已经到来，东方的曙光将逐渐照亮西方世界。

2. 中国经济增速进入长达十年的中低速新常态

2015 年 4 月，中央提出经济新常态的判断，主要特征是增速放缓、结构升级、动力转换。2015 年，中国的 GDP 为 6.9%，首次降到 7% 以下，预计在 2015 年到 2025 年的 10 年间，GDP 均值为 4.5%，人均 GDP 跨越 1 万美元中产阶级陷阱，2025 年以后将进入更新态，从 2025 年到 2035 年的 10 年间，GDP 增速均值为 2%，人均 GDP 超过 2 万美元。

3. 经济结构转型，更新换代，破旧立新

产业代表着需求，技术意味着需求实现方式。只要需求不消失，产业就不消失。没有夕阳产业，只有夕阳技术。目前，传统产业更新换代，产能过剩需要化解，效率低下，新的技术实现方式被发明。由于互联网的发展，人们可以自由联系、远程交易。

互联网把天南海北的人都连接了起来，实现了天南海北召集客户的可能性，不像工厂、公司、农业一样要固定地点才能被别人找到，从而促使社会迈入了"技能个体户时代"。只要有独特的可传授的技能和一批追随的客户，就能有可观的收入来养活自己。比如：

生活主播李子柒，将售价 39 元的螺蛳粉卖出 16 万份，年收入过亿。

papi 酱，网络红人，靠逗乐赚钱，广告拍卖费达 2000 万。

康老师，房产投资人，后转型做房产投资咨询，吸纳会员 3000 余名，每人咨询费 1000 元。

私募小精英，建立一个 400 人的微信群，召集同行业的人用一个月共同编了一本书，每本书卖 700 元。

小顾，网络红人，精通各类西方绘画名作背后的故事，以逗乐的方式聊画画，同时出书，卖广告。

罗辑，擅长读书，创立罗辑思维品牌，每天播放 1 分钟的观点，吸引用户量 530 万，估值 13 个亿。

这也就要求人要有独特性，要发展自己，形成独特的优秀。学校教育是必需的，但是不够的，仅仅优秀也是不够的，要独特的优秀才可以。

4. 科技创新引领潮流

列举下面下周边看到的例子：

自动扫地机器人的障碍感应和自动规划线路的能力，是无人驾驶技术的初级应用。以前我设想的是类似于《机器人总动员》中的场景，驾驶器沿着已经规划好的固定线路行驶，不过有了GPS 和传感器，只要 GPS 信号能够传到的地方就可以实现无人驾驶。2016 年在德州的一条公路上，已有经过批准的无人货车投入商用，十年后滴滴也许发展成为无人驾驶汽车调度平台。

所有本质上需要依靠堆积时间完成的工作都将完成机器对人的替代，未来众多行业将实现无人化，比如生产线机器人、无人机快递、新闻机器人、程序化金融交易、无人便利店、自助KTV、自动饮料机、自助饭盒机、自助拍照机、扫地机器人。

5. 社会信用重建

随着互联网金融的发展，人们越来越重视个人信用，以便能够得到更高额度、更低成本的金融服务。随着共享经济的发展，个人的信用价值渗透到更广泛的应用领域，用经济手段解决道德问题更有效率，社会将更加规范，人与人之间的沟通成本将进一步降低。

后记　相信未来，热爱生命

2017 年时，我 35 岁，当时非常焦虑，回想过去的半生，平平淡淡，还有那么多的壮志未酬。人过留名，雁过留声，在这个世上，还没有留下活过的痕迹，真希望自己能做得更好，希望自己能创作出一件作品，以不辜负父母教养、领导提携和平生所学，心底对未来既感到迷茫，同时又有股暗暗的内劲儿，坚信一定可以有所突破。

一直以来，我都非常欣赏著名现代诗人食指的《相信未来》，他在诗中写道：

> 不管人们对于我们腐烂的皮肉，
>
> 那些迷途的惆怅，失败的苦痛，
>
> 是寄予感动的热泪，深切的同情，
>
> 还是给以轻蔑的微笑，辛辣的嘲讽。
>
> 我坚信人们对于我们的脊骨，
>
> 那无数次地探索、迷途、失败和成功，

一定会给予热情、客观、公正的评定，

是的，我焦急地等待着他们的评定。

朋友，坚定地相信未来吧，

相信不屈不挠的努力，

相信战胜死亡的年轻，

相信未来，热爱生命。

在无数个困难的时刻，我都用它来勉励自己，告诉自己，要相信相信的力量，不是因为有希望才相信，是因为相信才有希望，去坚定地相信未来吧，去坚定地热爱生命，我相信困难是上天赐予的一个机会，让能够克服困难的人去超越无法克服困难的人。

转眼间，今年我已经 38 岁了，经过四个月的撰写，《财务思维：财务经营的进阶之道》顺利付梓，心中感慨万千，终于，在我手中创造出了一件独一无二的东西，感谢一路走来所有人的帮助，也感谢自己的坚持，还好没有放弃。

百转千回之际，我写下一首小诗《38 岁感言：to be a better man》，表达对当下的困惑和未来的期许。

在此谨以此诗，献给各位朋友，期望大家都能心想事成，to be a better man。

苦干实干，倏忽中年。

虽然疲倦，从不遗憾。

突然之间，略有不甘。

人生有限，想要改变。

花落花开，花开花败。

草木有时，可否再来。

天堂一念，地狱一念。

峰回路转，人生无限。

建立自我，表达真我。

实现超我，追求无我。

此心不动，见机随缘。

知行合一，道法自然。

地藏大愿，解众生难。

菩提树下，净身参禅。

正反奇合，还是那山。

离苦得乐，庄严圆满。

岁月静好，青春不老。

想嗨就嗨，想笑就笑。

生之短暂，惜福惜缘。

不必设限，岂是胡言。

少年求理，中年求安。

偶然必然，淡然坦然。

得有何欢，失又何叹。

改变观念，可换新天。

人生百态，气象万千。

跌落谷底，爬上山巅。

亢龙方悔，龙又在天。

得有何乐，失无可怨。

满纸荒唐，不是心酸。

愿如夏花，繁华璀璨。

立身立命，立德立言。

久久为功，滴水石穿。

没有时间，那是扯淡。

鲁迅有言，它像海绵。

只争朝夕，不待万年。

看走多远，能成 champion。

心底无私，天地自宽。

二零二零，全速向前。

to be a better man。